아픈 세상을 간호하다

아픈 세상을 간호하다

한뼘문고

03

최수자 강연

한국사회적의료기관연합회 기획

건강
미디어
협동조합

강연 **최수자**

간호사. 베트남전쟁 중 '민간 의료단'으로 파견 다녀온 후 독일에서 간호사로 일함. 귀국 후 지역사회 간호 활동에 집중하다 신천연합병원 개원에 합류. '작은자리 공동체', '교회빈민의료협의회' 활동에 적극 참여

기획 **한국사회적의료기관연합회**(사의련)

의료 공공성을 지향하는 의료기관들의 연대모임으로 2018년 5월 창립. 사의련은 질병의 예방과 관리 그리고 사회적 결정 요인에 관심 가짐. 장애인 주치의, 만성질환 관리, 방문 진료 시범사업 등에 참여해 지역사회에서 누구도 소외당하지 않고 건강하게 살아갈 토대를 마련하는 데 힘을 쏟음

여러분의 참여로 이 책이 태어납니다.
씨앗과 햇살이 되어주신 분들, 참 고맙습니다.

고경심 김기태 김나연 김새롬 김성춘 김영애 김옥분 김정애 김정은 김철환 김형경
목성규 박봉희 박선용 박혜경 박홍순 방선일 배형기 백영경 백재중 백지민 성창기
송영경 송홍석 신용순 안소정 오춘희 윤영애 윤주영 이보라 이주언 장숙랑 장창현
전광희 전순애 정일용 조원경 차정인 최규진 최미성 최유선 최정화 홍상의 홍승권
황지원   (45명)

일러두기

* 이 글은 한국사회적의료기관연합회(사의련) 간호모임에서 개최한 해방간호세미나 '그땐 그랬지' 강연 내용을 정리한 것이다. 중앙대학교 간호학과 장숙랑 교수가 강연을 진행했고 신천연합병원 최미성 간호부장이 전반적인 준비를 맡았다.

* 강연은 2024년 7월 11일, 8월 22일 저녁 두 차례에 걸쳐 신천연합병원 강당에서 진행되었고 온라인으로도 중계되었다.

* 두 차례의 강연 내용을 녹취하여 정리하였고 맥락에 맞도록 순서를 조정하여 정리하였다. 질문자가 다수여서 질문자는 특정하지 않고 그냥 [질문]이라고만 표시하였다.

* 이해를 돕기 위해 편집자가 주석을 달았고 사진들도 본문에 넣었다. 출처를 밝히지 않은 사진과 자료들은 신천연합병원 보관본들이다.

차례

나 그리고
너의 교과서

장 숙 랑 · 중앙대학교 간호대학

추천사를 잘 쓰고 싶다는 욕심에, 며칠 동안 한 줄도 쓰지 못했다. 그러다, 최수자 선생님은 잘하고 싶었다고 말씀하지 않으셨다는 게 떠올랐다. 필요해서 했을 뿐이라고, 배우고 아는 만큼 했을 뿐이라고 하셨다.

준비되지 않은 세미나, 원고도 사전 질문도 나누지 않았지만, 선생님의 이야기는 교과서와 같았다. 사회정의에 관심을 가지고 이웃을 돌보며, 지역을 파악하고, 원인을 규명하고, 자원을 모으고, 지역자원과 협력하여, 문제를 해결했고 동료와 토론하며 더 나은 방법을 모색하셨다.

한 학기 서른 시간의 강의와 수십 장의 파워포인트로도 후학들에게 제대로 전달하지 못해 안달하던 나에게, 최수자 선생님은 단 두 차례 만남으로 '지역사회간호'를 통쾌할 만큼 정확히 보여주신다.

그 통쾌함은 다름 아닌 몸소 실천했던 삶으로부터 나온다. 배우고 아는 만큼 실천하는 것이야말로 후학과 후배에게 그토록 전하고 싶었던 메시지를 가장 잘 전달하는 유일한 길임을 알았다.

이 책은 이제 나의 교과서로 쓰일 것이다. 또한 어떤 선택을 하며 살아갈 것인가를 묻는 많은 사람들의 교과서가 될 것이다.

간호사의 길,
베트남과 독일에서

[진행] 사의련 간호모임 해방간호세미나를 시작하겠습니다. 최수자 선생님을 모시고 '그땐 그랬지' 제목으로 같이 경험 나누는 시간을 갖도록 하겠습니다. 먼저 선생님께서 간호사를 시작하면서 경험했던 일들을 말씀해 주세요.

1960년대에 미국으로 우리나라 의료인들이 이민을 참 많이 갔어요.[1] 그때 저희들도 당연히 신청을 했지요. 근데 저는 그게 (여권이) 안 나와요, 연좌제에 걸려서. 그 때문에 자존심이 상하기도 했지요. 그때 가톨릭 의대는 브랜치(branch) 병원들이 여러 곳이었어요. 의사 선생님들은 군대도 다녀오시고 그러면, "어, 아직도 있어?" 그래요. 반가워서 하시는 얘기지만 제가 들을 땐 너무 섭섭한 거예요.

"너는 왜 아직도 못 떠나고 여기 있니?" 그런 줄로만 들리는

---

1. 1960년대 말부터 1970년대 초반, 미국 내 의료인력이 부족해지자 미국 정부가 외국 의사, 간호사, 약사들에게 문호를 개방. 이때 우리나라에서도 우수한 의료인들이 미국으로 많이 이민 떠남

강연하는 최수자 선생님

거예요. 근데 저 말고 제 친구 두 명도 비슷하게 아버지가 납치
됐다든가 뭐 이래서 여권이 안 나왔어요. 그런 와중에 간호협
회에서 저희에게 도움을 좀 주셨어요.

베트남으로 '민간 의료단'이라는 봉사단체를 세계에서 열세
나라가 보냈어요. 우리나라는 가난하니까 못 보내는데 미국 대
사관에서 비용을 댔지요. 그렇게 해서 저희의 한국 탈출이 가
능했어요. 1년을 베트남에 갔다 오고 나서 다시 성모병원에서
근무했지요.

[질문] '베트남 민간 의료단'에 대해서는 얘기를 듣지 못했는데요. 베트남 전쟁 와중에 가신 거죠? 자세한 설명 부탁드립니다.

그렇죠. 그 당시 미국을 중심으로 베트남에 파병한 나라들이 여럿이었죠. 근데 파병지에서는 아무래도 군인과 민간인 사이에 여러 가지 사고가 나게 되잖아요. 파병한 국가에 대한 베트남 주민들의 감정도 안 좋았어요. 그래서 13개 나라에서 민간 의료단을 파견했어요. 실제 군대를 파견 안 한 나라에서도 민간 의료단으로 참여했어요.

뉴질랜드, 오스트레일리아, 미국, 또 제 기억에 캐나다, 프랑스, 이렇게 해서 하여튼 13개국이었지요. 우리는 당시 경제적으로 어려운 나라였으니까 표면적으로는 지금 복지부, 보사부(보건사회부)죠, 보사부가 파견하고 우리 생활비나 모든 뒷바라지는 비밀리에 미국 대사관에서 맡아줬어요. 그러니까 미국의 지원을 받아서 우리를 거기로 보낸 것 같아요.

그렇게 해서 저는 푸옌성(Phú Yên)[2]에 갔어요. 우리 의료단은 세 군데로 나뉘어서 가게 되었지요. 각자 자기 나라에서 비용을 대서 프라빈스(province)를 하나씩 맡아서 갔어요. 근데 함께

---

2. 베트남 중부지역으로 베트남 전쟁 당시 우리나라 백마부대가 주둔. 한국군은 주로 여기 중부지역에 배치되어 '베트남 민족해방전선(베트콩)'과 전투 벌임

모일 만한 영역, 존(zone)이 존재해 두 달에 한 번씩 우리가 모여 회의를 했던 것 같아요. 거기서 저는 오스트레일리아나 뉴질랜드에서 온 사람들을 만났어요.

베트남 현지에서 보니 의사들은 전부 다 군대로 차출되어 가고 간호사들이 맹장염(충수돌기염) 수술을 하더군요, 월남 간호사들이. 깜짝 놀랐어요. 저는 그때 마취과였으니까 마취를 담당했고.

베트콩은 정규 군인이 아니잖아요. 게릴라라고 부르고. '제네바 무슨 협정'³도 얘기는 하던대요. 베트콩, 이 사람들은 군인 취급을 못 받으니까 아무 군대 병원도 못 가요. 그래서 민간인이 하는 데만 와야 해요. 우리 시설은 그때 프라빈셜 하스피털(provincial hospital)이었으니까 그냥 거기로 오는 거죠. 그래서 베트콩도 많이 치료했고. 베트콩 수용소에도 많이 가고 그랬어요.

제가 정말 분했던 일도 많아요. 전선이 안 정해졌으니 아무 데서나 폭탄이 터지더라고요. 8살짜리 아이가 가슴에 파편이 박혀 왔기에 그걸 빼는데 정말 속상하더라고요. 그러고 다음엔 진짜 월맹 출신 군인이 포로로 잡혔나 봐요.

근데 급하게 수술을 해야 되는데 내가 그 사람한테 말을 거

---

3. 〈제네바협약〉은 전쟁 등 기타 무력충돌 상황에서 민간인, 부상자, 환자, 포로 등의 보호와 치료받을 권리 규정

니까 "너 한국 사람이지?" 하대요. 맞다고 했더니 자기는 적국 주민에게는 마취를 안 받겠대요. 그래서 그 군인 그냥 로컬(local, 부분 마취)로 인시전(incision, 절개)했는데, 그게 되겠어요? 그 사람이 나중에 페인 쇽(pain shock)[4]이 왔어요. 그래서 옳다구나 하고 바로 마취했지요.

우리나라에서 베트남에 파견한 민간 의료단은 3개팀이었고 세 지역에 나누어서 들어갔습니다. 한 팀이 의사 세 명, 의료기사 세 명, 간호사 다섯 명, 행정직원 1명으로 구성되었던 것 같습니다. 가서는 1년도 일하고, 본인이 원하면 2년 이상도 일했어요.

제가 베트남에 갈 때 집에는 얘길 못했어요. 고모가 개업하고 계셨는데 고모하고 친했어요. 그래서 고모한테 가서 "고모 나 돈 좀 빌려줘" 그랬어요. 고모는 제 어려움을 아시는 게, 본인 남편이 납치당해서 항상 감시 대상자였거든요. 그러니 제 마음을 알고 고모가 돈을 주셨어요.

그렇게 준비를 해서 갔는데 아버님이 나중에 아시고는 걱정이 매우 크셨어요. 그 험지에서, 그런 전쟁터에서 애가 얼마나 고생하겠냐면서 애를 태우셨대요. 저한테서 편지가 좀 뜸하게

---

4. 심한 통증으로 인한 쇼크

16

오면 아버님이 대사관에 전화를 하셨대요. 우리 딸한테서 연락이 안 온다고. 대사관에서도 아주 골치 아파했어요. 저는 1년 일하고 왔고요, 거기 2년, 3년 계셨던 분들도 꽤 되는 걸로 알아요.

[질문] 독일에 가셨던 얘기도 들려주세요.

한때 간호사들이 독일 많이 갔잖아요.[5] 저는 이렇게 사람을 옥죄는 대한민국에서 그만 살고 독일로 가서 편하게 지내야지, 그리고 독일로 갔어요.

저는 한국에서 수술실에서 일했지요. 근데 참 이런 거는 여러분에게 얘기하고 싶어. 한국 간호사가 30명이 도착했는데 그 사람들이 우리에 대해 아무것도 모르잖아요. 그러니까 번호를 쭉 잘라서 몇 번에서 몇 번까지는 내과, 몇 번까지는 내시경실, 뭐 이런 식이에요.

그게 저는 좀 이상해서 나중에 내가 얘기해도 되냐고 물었더니 그러래요. 나는 한국에서 수술실에서 일했으니 수술실에서 일하고 싶다고 얘기했어요. 본인 입장 없이 가라는 곳으로 배

---

5. 1966년부터 1976년까지 외화 획득을 위한 해외 인력 수출의 일환으로 독일(서독)에 간호사를 파견. 1950년대부터 소규모 간호사 인력 파견이 진행되었으나 대개는 기독교 선교단체 중심으로 이루어진 민간 교류 차원. 1966년부터는 '한국해외개발공사'가 간호사 모집과 송출을 담당해 1976년까지 1만 226명의 간호사를 독일에 파견

치된 분들은 몇 개월 못 가 거의 다 부서를 옮겼어요. 본인 생각 없이 남이 하라는 대로 하면 만족하기가 힘들어요.

거기는 병원이 규모가 크니까 외과 병원, 비뇨기과 병원 뭐 이런 식으로 다 독립되었더군요. 그래서 외과 병원 간호부장이 "우리 지금 자리가 하나 비는데 거기 올래?" 그래요. 근데 통역하던 한국 분이 그곳 잘란트 대학(Universität Saarlandes) 의과대학 학생이셨어요. 그분이 저한테 이러는 거예요. "아니야 아니야, 저 외과는 분위기가 좀 그렇고~"

마침 비뇨기과 병원 간호사가 자기네 수술실에 자리가 하나 빈다고 하니까 통역 학생이 거기로 가래요. 비뇨기과에는 한국에서 선입견을 좀 가졌기에 망설였더니 그 친구가 "아냐 아냐 이 대학병원에서 가장 분위기가 좋은 곳이 거기야. 거기로 가." 그래서 그리 가겠다고 했죠. 그랬더니 정말 좋았어요. 거기서 재미있게 잘 지냈어요. 다른 데 안 가고 거기서 일했어요.

근데 거기 우리 주임 교수가 독일 교과서에도 나오는 분인가 봐요. 러시아 포함해서 동유럽 쪽에서 의사들이 연수하면서 둘러보러 다니잖아요. 그러면 반드시 우리 병원에 들러요. 자기네 말로는 비뇨기과의 메카래요.

나는 한국에서 비뇨기과 수술은 기껏해야 네프렉토미 (nephrectomy, 신장절제술)밖에 못 봤는데 정말 희귀한 거를 많이 배웠어요. 그래서 가자마자 공부했죠. 재밌게 지내다 왔어요.

거기서 일할 때 한국에서 교수님도, 고대에서 두 분이 다녀 가셨어요. 그리고 일본에서 많은 의사가 연수를 왔어요. 오사카 대학병원하고 자매 결연을 맺어서, 거기서 많이 와요.

여러분들, 하여튼 언어 정말 중요해요. 제가 거기서 일하면 서 느낀 게 언어가 그 사람의 50%를 담당한다는 거였어요. 일 본에서 연수 온 의사들이 독일 말을 하면 얼마나 하겠어요. 수 술할 때 어시스트(assist) 들어오잖아요. 리트렉터(retractor)[6] 잡고 뭐 하는데 한 번은 어쩌다가 레날 아터리(renal artery, 신동맥)를 놓쳤어요. 얼마나 난리예요. 진짜 그건 큰 사건이잖아요, 환자 가 죽지.

그랬더니 의사가 이제 쌍욕을 하는 거예요. 독일 교수가 쌍욕 을 해대면서 그 일본 의사를 막 야단치는 거예요. 일본 의사는 지금 상황이 상황인지라 눈만 꿈뻑꿈뻑하며 다 당했어요. 그때 는 제가 스크럽(scrub)[7] 들어갔었는데 아무 말 못 하고 스킨(skin)

---

6. 주로 수술 시야 확보를 위해 견인하는 목적으로 사용하는 수술 도구의 일종
7. 수술실의 소독 간호사를 스크럽(scrub) 간호사라 함. 수술대를 멸균 상태로 준비하고, 실제 수술 과정에 참여하여 멸균 상태 유지, 수술 기구 준비, 수술 계수 확인, 검체 확인, 최종 기구 정리 등을 담당

꿰맬 때 그랬어요.

　한 독일 의사한테 "니가 잘못해놓고 왜 이 사람 야단 맞는데 아무 말 안 하냐. 이 의사한테 사과해." 그랬더니 이렇게 보더니 오랫동안 잘 아는 사이잖아요, 그러니까 "그래, 네 말이 맞아" 그러더군요. 그러고 내가 그 일본 의사한테는 "선생님이 여기 1년 계실 계획으로 오셨으니 독일 말 열심히 배우세요"라고 했어요. 저한테 잊히지 않는 경험이에요.

지역사회
간호 활동을
모색하다

[질문] 독일에서 지내다 어떤 계기로 한국에 돌아오셨는지요?

독일에서 8년쯤 됐을 때, 어느 날 원주 교구에 계시는 천주교 지학순 주교님[8] 말씀을 들었어요. 강원도에 정말 어려운 사람들이 많이 살아서 자기네가 생각할 때는 간단한 감기에 걸린 듯한데 그걸 제대로 관리 못 해 나중에 폐렴으로 죽고 그런다는 거예요. 그래서 거기에 와서 일해 주면 좋겠다고 하시더군요.

그러니까 그 당시 우리나라도 그렇고, WHO(세계보건기구)가 일차 보건의료 사업을 많이 권장하던 때였어요. 그래서 제가 천주교 신자이고 그래도 내가 모범으로 삼는 롤 모델이 예수라면, 그분 말을 좀 들어야지 생각했지요. 나만 편하면 안 될 것

---

8. 지학순(1921~1993), 한국 천주교회 초대 원주교구장이며 인권운동가. 원주 지역 발전을 위한 다양한 사업 전개. 1974년 민청학련 사건에 연루되어 내란 선동과 긴급조치 위반 혐의로 구속되어 징역 15년을 선고받았다가 이듬해 구속 집행정지로 석방

같았어요. 그래서 귀국했지요, 1978년에.

  당시 같이 활동한 간호사가 아홉 명이었어요. 강원도 횡성군 서원면 금대리라는 엄청 산골이 저희 의료 활동 지역이었어요. 지금은 안흥찐빵으로 유명한 안흥면(평창군에 속함)도 그때는 정말 산골이었지요. 그리고 연당이라는 충북 제천과 가까운 지역도 저희 활동 지역이었어요.

  이렇게 세 군데에서 일차 보건의료 사업을 시작했어요. 여기서 3년을 활동했는데, 그 비용은 독일의 '미제레올(Misereor)'[9]에서 도움을 주었어요. 그동안 박정희 대통령 시해 사건이 일어났고, 다음에 전두환 정권이 들어섰지요.

  근데 천주교 원주 교구라고 하는 데가 당시 반정부 시위를 많이 하는 곳으로 낙인이 찍혔었잖아요. 지학순 주교님도 감옥 가시고, 김지하 씨[10]는 심지어 사형 선고까지 받았고. 그러니까 우리 하는 일이 시시콜콜 보고가 다 되었어요. 뭐 했는지, 환자를 보고 무슨 얘기를 했는지까지.

  하여튼 거기서 일을 하다가 3년 됐을 때 그 프로젝트가 끝났

---

9. 독일 천주교 주교회의 국제개발원조단체로 1950년대 후반부터 우리나라에 원조를 시작. 농어민과 도시 빈민의 자립 운동을 지원, 시흥시 복음자리 마을 건설에도 10만 달러 지원
10. 김지하(1941~2022), 시인. 중학생 때 아버지를 따라 원주로 이사. 1974년 민청학련 사건에 연루, 긴급조치 4호 위반 혐의로 비상보통군법회의에서 사형을 선고

어요. 그러고는 내가 한국을 떠났던 기간이 길었기에, 뭔가 한국을 좀 제대로 경험하고 알아야겠다 싶어서 서울대 보건대학원에 지역사회보건간호 과정(CPHN-Community Public Health Nursing)으로 등록했어요. 거기서 공부하고, 또 경험하고, 이론도 배웠지요. 그러는 중에 '국보위'[11]에서 보건진료원 제도를 만들더군요.[12] 그래서 6개월 동안 보건진료원 교육을 받았어요.

근데 그 당시 우리나라에서 낙후된 지역 중 하나가 전남 지역이었어요. 제가 전라도 가서 일할 때 경상도 출신 후배 한 명이 보러 왔는데 너무 놀라는 거예요. 상황이 경상도하고 전라도가 도로 하나까지도 차이가 너무 난대요. 얘 하는 얘기가 이래요. "거짓말 조금 보태면, 경상도는 논두렁 밭두렁까지도 다 포장이 된 상태인데 여기는 전주역에서 출발해서 오는데 정말 먼지 길을 달려서 왔다."

그 정도로 열악한 지역이라 그쪽을 선택해서 갔어요. 그쪽에 갈 때는 가톨릭 농민회하고 함께 가장 어려운 오지로 갈 테니까 추천해달라고 해서 완주군 화산면 승치리라는 곳에 들어가 진료 일을 시작했어요.

---

11. 국가보위비상대책위원회, 1980년 5월 31일 전국 비상계엄 때 설치, 전두환이 상임위원장. 박정희 사망 후 신군부 통치권 확립을 위해 설치한 과도기적 최고 권력기관
12. 1980년 12월에 공포된 '〈농어촌 보건의료를 위한 특별조치법(농특법)〉 시행규칙 제15조'에 따라 보건의료 취약지역에 보건진료소를 설치하고 여기에 간호사인 보건진료원을 배치. 1981년, 연간 500명 간호사 대상으로 보건진료원 직무 교육을 진행

그리고 의대생들이 그전에는 농활이라는 걸 많이 다녔어요. 의대생들도 아무 데나 함부로 가기가 힘든 게 그냥 공부만 하는 사람들은 그냥 가면 되는데 학교 안에서 소위 의식화한 학생들은 아무 데도 못 가요. 그래서 의식화 서클 학생들과 연결해서 연세대(원주 캠퍼스) 학생 그룹도 저 일하는 곳으로 부르고, 전북대에서도 저 일하는 데로 오게 했지요. 하여튼 그 친구들이 제가 보건진료원으로 일하는 지역에 와서 한 달씩 농활하고 가고 그랬어요.

제가 살던 지역이 물이 귀해서 개울물을 떠다가 그걸 끓여서 먹고 살았거든요. 그러다 보니까 타이포이드(typhoid, 장티푸스)도 걸리고 헤파타이티스(hepatitis, 간염)도 걸려버려서 결국 서울로 와서 입원을 하게 되었어요. 근데 그때는 이미 중앙대 의대가 생겨 필동병원에서 저한테 도움을 많이 주셨지요.

거기서 치료받고, 내가 일하던 지역은 다른 사람에게 인계해 주었지요. 회복되고 보니 복지부에서도 그땐 날 써먹으려고 다시 보건진료원 가서 일하라고 하기에 여기저기 지역을 찾아 보았지요.

당시 강화에 '보건의료원'[13]이 있었어요. 거기에 누가 계셨냐

---

13. 의료 취약지역의 보건소에 진료 기능을 강화하여 설치한 것이 보건의료원

면 신천연합병원 만들 때 함께했던 양요환 선생님[14]과 안용태 선생님[15]이 계셨어요. 그리고 제가 강원도에서 일할 때 연대 치대 팀이 방학 때면 와서 도와주셨거든요. 그 치과 멤버 중 한 분인 권호근 선생님이 강화 보건의료원 책임자로 계셨어요. 그 분 소개로 김일순 교수님[16]을 만나서 거기 좀 경험을 하자고 해서 갔어요. 거기서 양 선생님하고 안 선생님을 만난 거예요.

나는 보건진료원으로 일할 때 제일 어려웠던 게 디시전 메이킹(decision making)이었어요. 제가 배웠으면 얼마나 배웠겠어요. 항상 자신이 없는 거예요, 불안하고. 내 나름으로는 최선을 다하지만. 그래서 팀으로 같이 일을 한다면 참 좋겠다는 얘기를 식사 자리에서 했지요.

그랬더니 양 선생님이 받아서 우리가 몇 년 후에 지역을 선정하여 일하고 싶은데 같이 하면 좋겠다고 하시더군요. 그래서 나도 그러면 좋겠다고, 언제라도 그때가 되면 연락을 해달라 그랬지요.

---

14. 외과의사, 신천연합병원 초대 원장. 의료법인 록향의료재단 초대 이사장, 교회빈민의료협의회 초대 회장 역임
15. 내과의사, 신천연합의원 설립을 함께함
16. 당시 연세대학교 의과대학 예방의학과 교수

신천연합병원과
함께

그때는 제가 충북 보은에서 보건진료원으로 일할 때였거든요. 1년 조금 지났는데 어느 날 전화가 왔어요. 이제 지역사회 병원을 하나 만들려고 그러는데 같이 하자고. 그게 지금 신천 연합병원이에요.

당시 이 지역 시흥시가 얼마나 촌이었는지 몰라요. 지역을 둘러보려고 동생한테 '차 타고 나 여기 좀 데려다 다오' 그래서 처음 왔었지요. 그때 여기 지나서 어디까지 갔냐면, 저 안산 한양대 자리에까지 갔어요.

휴대폰이 없을 때라 공중전화로 연락했더니 어디냐고 물으면서 다시 되짚어 오라는 거예요. 정말 되돌아오면서 그때는 물어물어 왔어요. 와서 보니까 세상에 이런 시골이 다 있나 싶을 정도로 촌이더라고요.

여기서 자리 잡는데 저나 다른 선생님들과의 암묵적인 합의 사항이 뭐였냐면, 지역에서 일하려면 그 지역에 들어와 주민이 돼야 한다는 거였지요. 이는 우리가 다 동의한 상황이었어요. 저도 그 생각을 굳힌 계기를 만났었지요. 한국 돌아와서 처음 몇 달 되었을 때 필리핀 민다나오 섬에서 활동하는 의사 제이미 탄[17]이라는 분이 한국에 오셨어요. 자기가 일하는 방식을 얘기하면서 누이가 강조한 게 지역에 들어가서 주민과 함께 살아야 한다는 거였어요.

그 사람은 필리핀 마닐라 출신이에요. 근데 민다나오 섬에 들어갈 때는 자기 신분을 숨기고 거기 주민으로 들어가서 6개월 정도 같이 일하고 주민들처럼 산대요. 그러고 나서 주민들과 어느 정도 관계도 만들어지고 신뢰가 생긴 후에야 자기가 의사라는 신분을 밝히고 그분들 안에서 일을 시작했다는 거예요.

그분 얘기가 저한테는 아주 중요했기에 여기 시흥에 오자마자 저도 집부터 구하러 다녔어요. 그때는 집 구하기도 너무 힘들었지요. 어렵게 집을 구해서 여기 병원에서 일을 시작하게 됐습니다.

[질문] 그럼 1986년도에 시흥에 오신 거네요. 신천연합의원[18] 창립 때 상황이 궁금합니다. 당시 엘리베이터도 없이 어떻게 운영됐는지요?

---

17. Jaime Galvez Tan, 필리핀 의사. 청년 때 민다나오에서 의료 활동 펼치고 후에는 보건 행정에도 참여. 가난한 사람의 건강을 위해 보편적 의료보장 제도 도입에 기여
18. 신천연합의원은 1986년도에 시작해 점차 확장, 1992년 신천연합병원으로 이름 변경. 2024년 현재는 의료법인화하여 록향의료재단 산하 종합병원

네. 시흥이 인구가 10만이 안 되는 작은 지역이었어요.[19] 당시 제정구[20]라는 분이 철거민들과 집단 이주해서 여기 계셨어요. 제정구 씨가 계시는 동네로 가자, 그렇게 해서 여기로 왔어요. 지역을 결정할 때 노동자들을 위해서 일해야 하니까 성남이나 다른 곳으로 가자는 의견도 나왔지요. 양요환 선생님이 "나는 제정구 씨 있는 시흥에서 일하고 싶다"고 해서 양 선생님 의견을 따라 여기 자리를 잡게 되었어요.[21] 당시 '사회의학연구회(사의연)'[22] 회장이었거든요.

지역에 병원을 할 만한 건물이 안 보였어요. 유일하게 처음 신천연합의원 열었던 그곳이 3층 건물인데 3층에는 주인이 살고 1, 2층을 우리가 임대했지요.

현재 병원 건물 자리는 하천 부지라 농사짓기도 힘든 곳이었어요. 장마철에는 물에 잠기고 또 소래산에서 어마어마하게 물

19. 1986년도 병원이 속한 행정지역은 시흥군 소래읍이었으며, 1989년 시흥시로 승격. 현재 병원의 행정 지역은 시흥시 대야동
20. 제정구(1944~1999), 빈민 운동을 주도하여 '철거민의 대부'로 불림. 청계천 판자촌에서 빈민운동을 시작, 1976년에는 서울 양평동 판자촌 철거민들과 같이 시흥시 신천동 일대에 '복음자리 마을'을 건설. 1985년에는 '천주교도시빈민사목협의회'를 창립하고 초대회장을 역임. 1986년 정일우 신부와 공동으로 막사이사이 상을 수상. 민주화운동에 헌신하며 1992년 국회의원으로 당선
21. 서울의대 동아리였던 '사회의학연구회'는 지역의료 사업 일환으로 의료기관을 개설하기로 하고 1985년 말 공단 지역 중심으로 8개 후보지를 놓고 타당성 조사를 진행. 제정구의 '복음자리 사업'에 대한 지원을 중요하게 고려하여 최종 시흥으로 결정(최규진, 『한국 보건의료운동의 궤적과 사회의학연구회』 한울, 2016)
22. 위 최규진의 책에 자세한 소개가 나온다.

신천연합병원 개원 초기 모습

이 쏟아져 내려 걷잡지 못했어요. 심지어 병원 개원 후 첫해에 비가 오는데 길을 건너질 못해 소방서 소방대원들이 나와서 도와줬어요. 인간 사슬 있잖아요, 그거 만들어서 겨우 건넜지요.

그 정도로 열악한 지역이었는데 유일하게 저 건물 하나 존재한 거예요. 그거 세를 얻어서 병원을 여는데 같이 하기로 한 선생님이 산부인과 고경심, 내과 안용태, 외과 양요환 이렇게 전문의 세 명이셨어요. 수술실은 있어야 하잖아요. 수술실을 만들었는데 직원들이 참 수고 많이 하셨지요.

환자를 업어서 올리고 내리고, 들것에 들고 올라가기도 하지만 그보다는 업고 올라가고 내려온 경우가 더 많았어요. 그런

2011년 사회의학연구회 간담회 기록 CD(각주 23 참조)

데도 사람들한테 소문이 나니까 환자가 많이 와요. 나중에는 집주인한테 3층도 비워달라고 해 3층까지 저희가 썼죠. 그러다 부지를 그분한테 사서 건물을 올리고 지금의 병원이 된 거예요. 그때는 정말 똘똘 뭉쳤었다고 할까요. 하여튼 무지 열심히 일을 했어요.

병원이 생기고 한 10년이 지났을 때인가, 초창기에 일했던 직원들을 다 오라고 해서 같이 모여서 얘기를 나눴었지요.[23] 병원 기록으로 남긴 거예요. 자료들 많이 잃어버렸어도 그거 하나는 남았네요.

—

23. 1986년 신천연합의원으로 출발, 1992년 신천연합병원으로 확장. 1999년 종합병원으로 승격한 후 2011년에 사회의학연구회 활동 의사들이 모여 이야기하는 시간 가짐. 위 사진 CD에 내용 담김

그리고 저는 지역을 파악하기 위해 철거민 마을 세 곳을 돌아다니면서 지역 조사를 했어요. 지역에서 일하려면 제일 먼저 해야 할 일이 그 지역 지리를 익히고 상황을 파악해야 하잖아요. 주민들의 수준이 어떻고, 무엇을 원하고, 어떤 문제가 있는지 등. 그거를 제가 거의 두세 달 걸려 조사한 것 같아요. 낮에는 사람

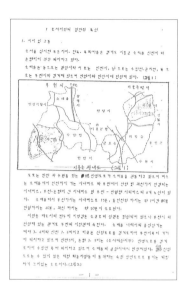

병원 설립 당시, 지역 조사 보고서

들을 만나지를 못해요. 다 일하러 나가니까. 그러니까 저녁에 한 7시나 8시쯤 돼서 그분들을 만나 인터뷰해서 만들었지요.

제일 먼저 철거된 양평동 일대 판자촌 사람들을 모아서 만든 게 복음자리 마을이에요. 다음에 신림동 일대 주민들을 모아서 만든 마을이 한독 마을. 목동 철거민들을 모아 만든 마을이 목화 마을이에요. 이렇게 마을이 세 개였지요.[24] 그 당시 복음자리

---

24. 1976년 서울 양평동 철거민들로 만들어진 곳이 복음자리 마을, 1979년 서울 난곡 등이 철거되어 이주한 곳이 한독 마을, 1985년 서울 목동 철거민이 모인 곳이 목화 마을. 10여 년에 걸쳐 세 개 철거민 마을 형성. 당시 복음자리 마을에는 LH아파트가, 한독 마을 자리에는 녹원아파트가 지어짐. 목화 마을은 여전히 존재 (https://brunch.co.kr/@seoulsoozip/69)

1977년 복음자리 마을 신축 공사 모습

마을이 한 300세대, 한독 마을이 164세대인가 그랬고 목화 마을이 270세대인가 그렇게 됐어요.

[질문] 당시 철거민 마을이 아직도 남아 있나요?

복음자리 마을도 재건축돼서 아마 과거에 사시던 분들은 한 30% 그대로 사실까? 하지만 그분들이 많이 못 떠나서, 근처 아파트로 들어가 사시는 분들까지 합하면 한 50%는 남았지 않을까 싶어요.

저는 여기 처음 들어왔을 때 복음자리 마을에 방을 얻으려고 그랬어요. 그랬는데 당시 안기부에서 제정구 씨랑 정말 조금이라도 관계되면 구멍가게도 못 내고 다 쫓아냈다고 해요. 심지어는 우리 병원 개원식 때도 제정구 씨만 초대를 안 했어요. 물론 알고는 계셨지만요. 제정구 씨랑 우리가 따로 만나서 얘기했으니까.

제정구 씨도 "동네에 무슨 잔치가 열린다 그랬는데?" 하면서 와서 같이 참여하고 그러셨지요. 심지어 우리는 접선한다고 말했어요. 그분을 만나려면 성당에서 우연히 만난 것처럼 한다든가 어느 잔칫집에 갔다가 우연히 만나는 식으로, 그렇게 '접선'을 했어요.

제가 복음자리 마을에 들어가려니까 극구 말리는 거예요. 거기 위험해서 알려지면 큰일 난다고요. 그래서 저쪽 길 건너 무슨 주유소 하나 있죠, 하여튼 그쪽 소래중학교 가까운 곳에 집을 얻어서 살았죠. 처음에는 집을 못 구해서 석 달 동안은 과천의 선배 언니네 집에서 다녔어요. 근데 그 당시는 여기가 워낙 시골이니까 시외버스가 그쪽으로 다녔지요.

[질문] 저는 1993년도에 신천연합병원에 입사했어요. 당시 어느 병원에서도 간호사가 직접 상담하는 곳을 못 봤는데 우리 병원은 간호사가 상담을 진행했어요. 어떤 이유에서 간호사 상담을 시작했는지 좀 궁금했어요.

병원 일을 하면서 사회의학연구회 선생님들이 많이 와서 도와주셨어요. 여기서 일하신 전문의 선생님이 세 분인데, 무슨 예비군 동원 훈련 가면 한 주간씩 자리를 비우게 돼요. 그러면 김록호 선생님[25], 김장훈 선생님 그리고 김양호 선생님[26], 이런 분들이 와서 대신 일을 해 주셨어요. 수술 같은 것도 정형외과는 고한석 선생님[27]이 와서 많이 해주셨고 또 김용정 선생님도요. 홍영진 선생님[28]은 소아과셨고, 김기락 선생님[29]은 나중에 아예 여기서 근무하셨죠.

병원이 자리를 잡을 때 많은 분이 도움을 주셨어요. 처음에 우리가 시작할 때는 일차 보건의료의 정신을 살려서 여기 집을 얻어서 살았잖아요. 그러면서 내과 안용태 선생님과 저는 지역 사회 방문을 많이 나갔어요. 나중에는 동네에 무슨 특별한 환자를 좀 봐달라고 해서 가보기도 했지요. 그런 식으로 중환자들이랑 만성 질환자들을 많이 만났어요.

그러다가 노동자들을 위한 상담실을 만들어야겠다고 생각했어요. 병원 생기고 얼마 안 돼서 바로 상담실을 만들었죠. 노동 활동가와 간호사가 함께 일을 했습니다. 지역사회 주민들 교육

25. 사당의원 원장, 원진녹색병원 원장, 서울대학교 보건대학교 조교수 역임, 세계보건기구에서 기후변화 및 환경 보건 전문가로 활동
26. 대한직업환경의학과 회장 역임, 울산대학교 의대 산업의학과 교수
27. 정형외과 전문의. 인제대학교 서울백병원 교수, 인도주의실천의사협의회 이사장 역임
28. 소아과 전문의. 대한소아감염학회장 역임. 인하대학교병원 소아과 교수로 근무하다가 퇴임
29. 구로의원 초대 원장, 가정의학회 회장, 울산대학교 의대 교수 역임

도 했지요.

예를 들면 사람들이 아이들 예방접종 시기도 잘 모르던 때니까 그런 것도 알리고요. 주민들 모아서 교육도 했고요. 관청과도 사이가 좋아야 하니까 저는 보건소 가서 뇌염 예방접종까지도 했던 것 같아요. 제가 가서 도우면서 그분들과는 사이좋게 지냈어요.

[질문] 팀 진료를 하면 좋겠다고 생각해서, 모인 의료진과 같이 신천연합의원을 만들어서 활동하셨다고 했지요. 초기에 팀 진료를 구체적으로 어떻게 하셨는지 궁금합니다.

처음에는 선생님과 같이 방문을 나갔지요. 제가 지역 조사도 하러 다니면서 환자들을 많이 보잖아요. 제가 선생님께 보고하고 선생님은 필요한 거 알려 주시고, 오더(order)도 내시고, 그러면 저는 간호사로서 역할만 하면 되었어요.

근데 제가 성모병원에서 수술실 간호사였지요. 그래서 병원 개원해서는 수술 때면 가서 스크럽(scrub) 서고, 틈나면 나와서 가정 방문을 했지요. 주민 안에 같이 사니까 그런 게 별로 어렵지 않게 다 진행됐었어요. 그분들의 정서를 이해하기 쉬웠고.

처음에 제일 이해가 안 되는 건 다른 거였어요. 저는 농촌에 살았잖아요. 거기는 절대 빈곤에 허덕이는 데니까 텔레비전이

나 라디오를 거의 안 썼어요. 그런데 여기 와서 보니까 목동 철거민이 천막생활을 하면서도 세탁기, 텔레비전을 다 가진 상태이더라고요.

제정구 씨한테 저런 사람들이 왜 빈민이냐고 이해가 안 간다고 그랬더니 제정구 씨가 상대적인 빈곤이 더 무섭다면서 여러 가지 설명을 해주더라고요. 이 지역에 와서 3개월 지났을 때부터 그분들 따라 철거민 지역에 엄청 돌아다녔어요. 지금도 그 철거민들과 가끔 전화도 하고 만나기도 합니다.

[질문] 방문간호 하시면서 특별한 사례나 이야기가 기억에 남았다면 소개 부탁합니다.

너무 많지요. 처음 여기 오고 한 달쯤 지나서 충격받았어요. 어느 집 청년을 좀 봐달라는 요청에 안 선생님하고 같이 갔어요. 가서 봤더니 이 친구가 알코올 중독이었어요. 상태가 너무 나쁜데도 가난하니까 병원에 갈 엄두를 못 내는 거죠. 근데 청년 어머니가 의사 선생님 손 한번 대주고 링거라도 한 번 맞춰주고 죽으면 좋겠다는 거예요.

그 청년은 물을 숟가락으로 떠서 주면 토해요. 엄마가 소주를 숟가락으로 주면 그거는 안 토하고 받아먹더라고요. 안 선생님이 오더를 내고 제가 가서 링거를 달아 줬지요. 그거 한 3분의

2 들어갔을까 싶을 때 청년이 운명했어요.

이 지역에 와서 보니까 젊은 사람들도 알코올 중독이 그렇게 많아요. 전 처음에는 이해가 안 됐어요. 아니 어쩌다가 27살짜리 애가 알코올 중독에 빠지냐고 물었지요. 어려운 집 애들이 열서너 살 되면 아저씨들 일하는 현장에 따라가서 여러 가지 심부름을 한대요. 근데 아저씨들이 중간에 술 한 잔씩 할 때 "야 너도 한 잔 먹어 봐" 그러며 준대요. 그렇게 시작해서 완전히 중독이 돼 버리는 거예요.

복음자리에서도 알코올 중독자들 정말 많이 만나서 나중에 성가병원[30]과 연결을 해서 AA(Alcoholics Anonymous)[31] 그거를 했어요. 그 사람들을 데리고 AA에 가는데 여기는 본인들 모임도 가족 모임도 존재했어요. 이 사람들이 자기네가 알코올 중독자라는 걸 인정을 안 해요. 나중에 제가 '작은자리'[32]에서 일할 때는 한국 AA지부장 신부님을 모셔서 강의도 하고 그랬어요. 그리고 '교회빈민의료협의회'(빈의협)에서도 그에 대해 연수도 하고 자료도 몇 개 만들어 놓았어요. 그게 가장 인상적이었지요.

[질문] 마을 세 곳을 방문하면서 조사도 하셨다고 그랬잖아요. 당시

---

30. 성가소비녀회가 1983년 부천시 소사동에 설립한 병원으로 이후 수녀회 측에서 서울대교구로 운영권을 넘김. 2009년 부천성모병원으로 이름 변경
31. '익명의 알코올 중독자 모임', 즉 금주 모임
32. 복음자리 마을에서 마련한 공동체 공간 이름. 나중 '작은자리종합사회복지관'으로 탈바꿈

철거민들의 건강 상태는 어떠했는지요? 기억에 남는 사례를 말씀해 주세요.

이 지역이 도시는 아니잖아요. 철거돼서 온 도시 빈민들이 살 았고, 원래 주민인 농민들도 살았고, 조그만 소규모 공장들이 많으니까 노동자들도 꽤 많았어요. 일차로 우리는 이 세 집단 중 어디에 초점을 맞춰 일을 시작할 건지 논의하면서 지역 조 사를 해나갔지요.

우선 도시 빈민을 중심으로 일을 시작하기로 하면서 노동 문 제는 일단 뒤로 미뤘어요. 몇 달 후에 상담실을 만들었죠. 방문 하면서 보니까 만성 질환자들도 꽤 많고요. 저는 이름도 처음 들어보는, 근육이 어떻게 이상해져가는 그런 사람도 봤어요.

소아 류마티스로 움직이지도 못하게 관절이 굳어버린 아이 가 골방에서 지내는 상태였어요. 어머니한테 "애를 좀 치료받 도록 해보자" 그랬지요. 아이의 어머니는 "이 아이를 고치려고 정말 병원 많이 다니고 해서 집안이 이렇게 다 망해 버렸다"는 거예요. 여자애였는데, 걔한테 투자를 안 하겠대요. 이번에 한 번만 더 해보자 그랬더니 자기는 의사들을 다 사기꾼이라고 생각한다네요. 아이 엄마 반대로 병원에 절대 못 데려가는 가 진 상태였던 거예요.

우리는 병원 앰뷸런스를 집 입구에다 세워 놓고 내가 그 아이를 업고 앰뷸런스로 싣고 병원 데리고 와서 사진 찍고 그렇게 했어요. 고한석 선생님이 엑스레이 보시더니 "얘 수술을 해보자"그래요. 당시 이 지역에서는 신용협동조합[33]이 큰 역할을 했는데 신협에 대출 신청을 했어요. 그랬더니 그 어머니 입장에서도 내가 하도 고집을 피우니까 좀 미안하셨는지 대출은 본인 이름으로 받겠대요. 결국 애를 보내 수술받고 회복이 됐어요. 그리고 나중엔 걷기도 했지요.

그 어머니한테 얘를 이제 직업 교육을 시켜보자고 했어요. 걔가 그때 스무 살이 넘었던 것 같아요. 인천의 천주교 수녀원에서 재활 프로그램을 운영하는 중이었어요. 직업 교육을 시키는 그 프로그램에 걔를 보냈어요. 거기에서 얘가 뭐를 많이 배우고 또 남자를 만나서 나중에 결혼까지 했어요. 결혼 때 그 어머니가 저한테, "내가 엄마가 아니라 최 선생이 애 엄마네" 그랬어요. 그게 참, 어머니 말씀이 고맙더라고요.

그러고 났더니 그 어머니는 이제 어디선가 류마티스 앓는 환자를 보면 자기가 그 집에 가서 막 설득을 하는 거예요. 그렇게 해서 병원 길 건너 자전거포 집 아들도 강제로 끄집어내서 수술하게 했지요. 그 청년은 남자애라서 재활할 때 여자애보다

---

33. 신천동 복음자리 마을 170세대가 출자금을 모아 1978년 5월, '복음신용협동조합'을 설립. 이주 과정에서 빌린 융자금을 갚고 경제적 자립을 도모하는 데 큰 역할을 맡음. 지금의 '경기시흥신용협동조합'

더 게을렀어요.

애는 전북으로까지 보냈었지요. 전북 임실의 지정환 신부님[34]이 자기 나라에 갔다가 몇 년 후 한국에 오셔서 만성 질환자들을 위한 '무지개 집'[35]을 운영하셨거든요. 애를 거기 보내서 6개월 재활하고 돌아오도록 했었지요.

지역 조사하다 보니까 사람들의 교육 수준이 엄청 낮았어요. "학교 어디까지 나왔어, 아줌마?" 물으면 "아이, 나 중학교 나왔어" 그러긴 하는데 겨우 한글을 해독하는 정도였지요. 우리 사회에서는 교육 못 받은 사람들을 무시하는 경향, 좋은 대학 나왔다 그러면 우러러보는 경향을 보이지요.

우리가 병원에서 했던 일 중 하나가 장학회[36] 후원이에요. 1년에 한 번 복음자리 마을에서 '복음단오제'[37]를 열었거든요, 집단 이주한 거 기념하느라고. 그럴 때는 우리가 상품으로, 1등 상품으로는 장롱이나 냉장고 같은 것도 내놓고 그랬지요.

---

34. Didier t'Sersteven(1931~2019), 벨기에 출신 신부로 농민과 장애인을 위해 헌신. 1970년대 외국인 사제들과 민주화 투쟁에 앞장서 강제 추방 위기에 몰리기도 함. 임실에서 우리나라 최초로 치즈 산업 시작. 다발성경화증으로 1981년 벨기에로 돌아갔다가 1984년 다시 한국으로 돌아옴
35. '무지개 가족' 중증 장애인 재활공동체
36. 복음자리 마을 내 복음장학회가 결성되었는데 나중에 '사단법인 제정구장학회'로 이름을 변경
37. '복음자리 마을 7주년기념 단오잔치'로 1984년 처음 시작. 주민들의 공동체 의식을 높이고 청소년들의 장학기금을 마련하는 목적으로 복음신용협동조합과 복음장학회가 공동 주최. 2010년 중단되었다가 2018년 '신천복음단오제'로 복원

시화연합의원 개원, 1997년 5월 10일

[질문] 시화공단 지역에도 의원을 개설했었다고 들었는데요?

　시화공단과 우리 병원이 거리가 떨어졌기에 노동자들이 우리한테 찾아오기가 힘들었어요. 그래서 우리가 공단 지역에 아예 '시화연합의원'을 개설했어요. 주로 직업병과 산재를 많이 담당하도록 했는데 그게 운영이 참 어려웠어요.

[질문] 노동자가 중심이 된 병원이라고 생각해서 개원했는데 실제 사업자가 우리 병원에 보내지 않으면 환자가 오지 못해요. 그래서 적자

가 계속되어 문을 닫은 줄 압니다.

시화연합의원 문을 닫고 나서 사회의학연구회에서 인천 지역에 의원을 개설하자고 해 인천의원을 개설했어요.[38] 정해관 선생님과 최병순 선생님 두 분이 진료하시고 직업병 관련 업무도 많이 하셨댔어요. 신천연합병원 처음 개원할 때 사무장 맡으셨던 김무길 씨가 거기 사무장으로 가고 노동운동에 적극적이었던 주영미 간호사도 참여해서 재밌게 진료를 잘하다가 문을 닫았어요.

[질문] 신천연합의원이 병원으로 되었다가 종합병원으로 성장하잖아요. 선생님께서 병원에서 현장 간호사로 일하신 연도가 1992년도네요. 그때면 병원급으로 올라갔을 때인데 그럼 병원급이 되고는 그냥 현장에서 은퇴하신 건가요?

그렇죠. 처음에 병원 개원하면서 안용태, 고경심, 양요환 이세 선생님과 우리가 너무 육체적으로 힘들었잖아요. 힘들 때 스스로 위로하는 것 중 하나가 "우리 6년 지나면 꼭 안식년 갖자!"는 거였어요. 그랬는데 막상 6년이 지났는데 안식년 가질

---

38. 1988년 7월 9일 인천시 남구 신기촌에 인천의원 개원. 신천연합의원은 인천의원에 1억 5천만원을 지원(사의연, 『그 역사적 의의를 찾아서』 30쪽)

1999년 종합병원 승격하며 설치한 현판. '사회의학의 아버지'라 불린 루돌프 비르효 사진 게재

기회가 안 오는 거예요. 저는 안식년을 꼭 갖겠다고 속으로 다짐했지요.

마침 그때 양요환 선생이 전주에 가서 김경일, 문정주 두 선생님을 모시고 올라왔어요. 김창수, 박연준 님까지 네 분이구나. 그래서 저는 문정주 선생님이 보건과장 하신대서 인계를 드렸기에 조금 홀가분하잖아요. 그래서 "안식년 갖겠습니다" 그러고는 쉬었죠.

[질문] 처음으로 병원급으로 성장하고 그때 많은 간호사가 들어왔을 텐데 간호부는 누가 어떻게 조직하고 운영했는지가 좀 궁금해요.

간호부 조직하는 일에는 제가 직접 관여를 안 했어요. 그때

김명숙 선생님이 계셨거든요. 김명숙 선생님이 워낙 탁월한 분이라 그분이 알아서 하니까 제가 그쪽 일에는 거의 관여를 안 했어요.

[질문] 처음 지역 조사 나갈 때 간호사들이 같이 나눠서 하거나 그러지는 않았나요?

병원 처음 문을 열면서는 위아래를 나누지 못했어요. 강화에서 갓 졸업한 AN(간호조무사) 세 분 모시고 왔지요. RN(간호사)은 못 구했지요. 조옥화라고 혹시 기억하시는지요. 그 선생님을 미드와이프(midwife, 조산사)로 모셔왔어요. 조옥화 선생님이 계셨고, 제가 했고. 처음 시작이 그랬지요, 그때는.

[질문] 신천연합병원이 전체 사회 건강을 위한 의제들에 적극 참여했는지, 어떤 목소리를 냈는지 궁금합니다.

굉장히 광범위했어요. 저희가 천주교의 '교회빈민의료협의회'에서 아주 중요한 역할을 담당했지요. 재정 지원에서부터 시작했고요. 먼 데 제주도까지 지역사회에서 일하시는 분들을 찾아다니고 격려하고, 그분들에게 필요한 교육이 찾아지면 그런 것도 제공하고, 조언도 하면서요.

사람이 건강하기 위해서는 정치적으로 사회적으로도 아주 편안해야 되거든요. 종교적으로도 그렇고. 그래서 국민운동본부 그런 조직에도 저희가 참여했지요. 인천 지역의 '진료소연합'(인진연)에도 참여했고요.

인천 지역의 '목요회' 같은 단체들과도 관계를 맺고 회의에도 나가고 그분들이 투쟁하다가 다쳐서 오면 우리가 진료하고 뒷바라지를 좀 했죠. 목요일에 모인다고 해서 목요회라는 이름이 붙었는데 인천 지역 사회운동가들이 모여서 만든 단체예요. 여러 사회 문제에 개입하고 활동을 했죠. 예를 들면 인천대학교, 그게 지금은 시립이죠. 당시는 비리가 많았어요. 그런 것들을 찾아내고 뒤치다꺼리 하고.

저희는 뒤늦게 인천 지역 목요회에 결합한 거죠. 당시 김승묵 변호사님이 활동을 많이 하셨는데 그분이 저희 병원 법인 감사님이셨어요. 그리고 (록향의료)재단 이사장이셨던 홍성훈 선생님이 거기서 아주 중요한 역할을 담당하셨고요.

당시 소래포구를 다른 곳으로 옮길 계획이 진행되었어요. 어민들의 반발이 엄청 셌어요. 그럴 때 우리가 같이 결합해서 움직였고, 경제적인 지원도 항상 진행했죠.

1987년 6.10 항쟁 때는 실제 저도 명동 현장을 지켰어요. 당시 최루탄 맞고 하다 보면 다치는 사람도 꽤 나오거든요. 병원에서 드레싱 세트(dressing set) 같은 것들도 제공했어요. 마침 명동성당 수녀원의 원장 수녀님이 제가 성모병원에서 일할 때 간호부장 수녀님이셨어요. 전경이 봉쇄하는 상황이었어도 그냥 수녀님 보러 왔다고 하면 별로 의심 안 받았어요.

수녀님이 날 데리고 가면 안으로 좀 들어갔다가 성당 앞에서 여러 가지 약도 풀면서 도움을 드렸지요. 뭐 그런 일들이 계속되었네요. 전반적으로 사회 문제에 저희가 참여를 했지요. 의료보험 통합 문제 때도 그랬고요.

문송면 군 사망, 원진레이온 직업병 사태 때나 고상국 씨[39] 돌아가시자 저희가 거기도 엄청 열심히 다녔어요.[40] 사회의학연구회 내부에서도 선생님들이 직업병에 대해 공부하는 의사가 필요하겠다, 그런 얘기들을 나눴지요. 고경심 선생님도 나중에 독일 가서 그쪽으로 공부하고 오셨죠.

---

39. 카드뮴 중독으로 사망
40. 1988년 들어 15살 노동자 문송면 군 수은 중독 사망 사건, 고상국 씨 카드뮴 중독 사망 사건, 원진레이온 직업병 노동자 사건 등이 연달아 터져 사회적으로 큰 이슈화

작은자리에
자리잡다

[질문] 신천연합병원 그만두시고는 어떻게 지내셨는지요?

그러니까 1992년, 그때가 4월인가 5월이었던 것 같아요. 병원 개원 기념일 막 지났을 때인데, 여기서는 또 불려 다닐 테니까 스위스로 도망갔어요. 핑계는 친구가 우리 집에 왔다 갔는데 애가 우리 집 열쇠를 가지고 갔다, 열쇠를 찾으러 가야 한다, 그렇게 됐지요.

당시 독일에 가보고 싶었어요. 통일된 독일, 동독 지역을 한번 둘러보고 싶었거든요. 한두 달 돌아보다가 온 것 같아요, 스위스하고 독일에서.

돌아왔더니 제정구 선생님이 작은자리를 좀 도와 달래요. 나는 병원 간호사니까 그런 데 관심 없고 안 간다고 했어요. 그래도 제발 좀 도와 달래요. 다음엔 공식적으로 근로계약서를 안 쓰면 나는 안 간다고 했어요. 그랬더니 어느 날 편지가 왔어요, 제 선생님한테서.

작은자리라는 이름으로 그 건물이 들어선 건 제정구 선생님과 정일우 신부님[41]이 철거민들 교육을 하기 위해서였지요. 그리고 동네 사람들 사랑방처럼 쓰이게 할 의도였는데 몇 년이 지나면서 관리가 제대로 안 되고 프로그램도 안 돌아가니까 쇠락해지는 상태였더군요.

작은자리가 그렇게 너무 취약해져 버린 듯해 돕기로 했어요. 우선 작은자리를 조금씩 수리했지요. 수리하고 났더니 또 한 발 한 발 거기에 빠져들더군요. 1992년 초에 신천연합병원을 법인화했거든요.[42] 그 경험을 살려서 작은자리를 더욱 도와 달라셔요. 그러다 보니까 작은자리 안에서 일을 하게 됐네요.

당시 제 생각은, 보건 간호사가 병원이라는 건물 안에만 갇혀서는 안 된다, 간호 업무가 밖에 나가도 얼마든지 많지 않냐는 거였어요. 그때 본드를 마시고 화상 입어서 병원에 오는 아이들이 꽤 됐어요. 대부분 어려운 집 아이들이었고, 삶에서 충족되지 않는 뭔가들 때문에 애네들이 그리되더라고요. 그런 의미에서 사회적 질병의 예방 업무에 대해서도 '이건 간호사의 업

---

41. John Vincent Daly(1935~2014), 미국 출신의 예수회 신부이자 빈민 운동가. 1967년 한국에 들어와 서강대학교에서 강의. 나중에 현장 운동에 뛰어들어 청계천 판자촌에서 제정구를 처음 만남. 제정구와 함께 양평동 철거민을 이끌고 시흥으로 이주하여 철거민 마을 건립. 1986년 제정구와 공동으로 막사이사이상 수상
42. '의료법인 록향의료재단'으로 전환

작은자리에 자리잡다   51

무다'라고 생각했어요. 제일 먼저 시작한 게 공부방이었어요.[43] 그렇게 해서 병원을 벗어나게 됐습니다.

[질문] 공부방에서는 어떤 일을 주로 하셨어요?

동네 아이들이 학교 끝나고 갈 곳을 못 찾았어요. 집도 대개는 방 한 칸이나 두 칸뿐이고, 아무도 애네들을 돌봐 주지 않았어요. 엄마 아빠 벌어서 먹고살기 힘드니까요. 애네들을 데려다 밥도 먹이고 했어요. 처음엔 식사, 그리고는 자원봉사자를 조직해 아이들 숙제도 봐주고 모르는 거 가르쳐주기도 했지요. 그러다 보니 아이들이 참 많이 변해요. 지금도 공부방 출신 아이들과 그 엄마들과 연락을 해요. 그분들이 가끔씩 전화를 하세요. 아이들이 지금은 40대가 되었네요.

당시 작은자리는 일반 주민들이 보기에 '불온한' 장소였어요. 제가 가서 일하다가 나중에 사회복지법인을 만든 거예요.[44] 처음에는 제가 이사장도 대표도 아니었고요, 작은자리는 그냥 대

---

43. 당시 작은자리에서는 샘물 공부방, 어깨동무 공부방을 운영. 어깨동무 공부방은 현재 어깨동무 지역아동센터로 전환하여 계속 운영 중

44. 1996년 '사회복지법인 복음자리'를 설립하고 작은자리사회복지관으로 등록. 최수자 선생님이 복지관 초대 관장으로 취임. 현재는 법인 산하에 작은자리종합사회복지관, 자활후견기관, 여성인력 개발센터, 정왕종합사회복지관, 노인인력지원기관 등이 존재. 작은자리의 처음 건물은 헐고 다시 지어 작은자리종합사회복지관으로 활용 중

관만 하는 건물이었어요. 노동조합이나 사회 활동가들이 1박 2일이나 2박 3일 교육을 하려면 그 건물을 이용했어요. 동네 사람들이 볼 때는 만날 불온한 노래만 들려오고, 청년들이 꽹과리 치고 풍물 배우고 그러는 곳이었지요. 건물도 관리가 안 되다 보니 축대까지 막 무너지고 그랬다니까요.

이런 상황이니 제정구 씨가 조금 봐달래요. 근데 제가 뭐든지 일하는 걸 좋아해요. 통일 독일 구경 갔다 올 때도 다른 거 아무것도 안 사고 빗자루하고 연장만 사 왔지요. 그랬더니 사람들이 당신 같은 사람 처음 본다고 해요. 건물 고치고 수리하는 것만 해 주려고 그랬던 거지요. 그러다가 상황이 너무 갑갑하니까 이것도 좀 해야겠고 저것도 해야겠고, 그리됐지요.

제가 애정을 가지고 진행했던 일이 주민들 문해 교육이었어요. 글 모르는 분들 많이 교육시켰지요. 제가 진행하기 전에도 복음자리 공동체 사람들이 간헐적으로 교육했더라고요. 저는 아예 대놓고 사람을 모집했어요. 근데 보니까 멀쩡하게 생긴 사람 진짜 많아요. 저 아줌마는 어느 대학 나왔다던데, 그런 분도 와요. 자기 남편 알면 큰일 난다더군요.

제가 그 문해 교육을 하려고 생각하게 된 제일 큰 계기는 병원 상담실에서 어떤 청년을 보고 나서예요. 이 청년이 월급을 제대로 못 받았대요. 어디선가 억울한 이가 분신하는 걸 보고 자기도 분신을 했어요. 엄청난 화상을 입었는데 치료비를 못 대니까 신천연합병원으로 데리고 온 거예요. 그 당시 아시죠? 전국적으로 문제 많은 사람, 힘든 사람, 이런 사람들이 어떻게 소문 듣고 다 우리 병원으로 왔어요.

애도 그렇게 해서 치료를 받았어요. 보니까 애가 글을 모르네요. 그래서 "너 왜 학교 안 다녔어?" 물었더니 부모님이 일찍 돌아가신 거예요. 그냥 할머니 손에서 컸는데 취학 통지서를 못 받았어요. 공부할 기회를 못 만난 거예요. 나중엔 공장에 다니는데 임금을 못 받아요. 이 청년은 돈 받기 위해서 분신을 했는데 이렇게까지 된 거였어요.

제가 그때 충격받고 애를 어떻게든지 제대로 사람으로 키워야겠다 생각했어요. 당시 양길승 선생님[45] 누나 비안네 수녀님이 고척동에 사셨어요. 수녀님 두세 분이 지역사회 주민 활동을 하신다기에 수녀님한테 청년을 맡겼어요. 수녀님이 글 좀 가르쳐서 내보내 달라고 부탁드렸고, 수녀님도 기꺼이 받아주셨지요. 작은자리 있을 때 이 사업을 해야 되겠다 생각해서 문해교육을 개설했더니 많이들 왔어요.

[질문] 제가 1996년도에 작은자리 공부방을 다녔었어요. 저는 사실

---

45. 녹색병원 초대 원장 역임. 2024년 현재 원진직업병관리재단 이사장

빨간 벽돌로 제대로 관리가 되던 작은자리를 다녔지요.

그러셨겠네. 그럼 신일초등학교 나오셨어요? 제가 신일초등학교 학교운영위원회 초대회장이에요. 그리고 공부방 시작할 때도 선생님들한테 그때까지는 작은자리에 대한 인상이 별로 안 좋았었는데 그때 한 아이가 좋은 계기가 됐어요.

걔는 진짜 다른 거엔 관심 없고 오직 자동차에만 관심이 있었어요. 자동차를 보면 저거는 무슨 벤츠 저거는 BMW 뭐 이러고 좍 꿰요. 근데 걔가 이제 공부방에서 공부하면서 수학 머리가 트였어요. 하루는 학교에서 100점을 맞은 거예요. 그러니까 선생님이 "야, 너 커닝했지?" 그랬어요. "아니에요, 선생님 진짜로 제가 했어요."

선생님이 믿지 못하고 애를 따로 앉혀놓고 다른 문제를 또 내준 거예요. 얘가 그걸 다 풀었어요. 선생님이 그걸 보고 깜짝 놀란 거예요. "어떻게 이렇게 됐어?" 그랬더니 작은자리에서 대학생 누나랑 형들이 공부 가르쳐줘서 이렇게 됐다고 말한 거예요. 선생님이 작은자리에 대해서 다시 생각하게 되셨지요.

저는 작은자리 운영비를 마련하려고 점심을 만들어 팔았어요. 선생님들한테 점심을 제공하고 한 달에 얼마씩 돈을 받았거든요. 선생님들이 나중에 자원봉사도 많이 오셨댔어요.

제가 당시 공부방을 두 개 만들었어요. 하나는 복음자리 마을 안 마을회관을 빌려서 천주교 성당에서 돈을 대도록 해 만들고요. 작은자리 쪽은 복음장학회에서 처음에 돈을 대도록 해서 만들었지요.

[질문] 복음자리 마을 공동체를 중심으로 단오제 같은 것도 하셨잖아요. 그 과정도 알고 싶어요.

복음자리 단오제는 제정구, 정일우 두 분이 주도했지요. 주민들의 집단 이주도 기념하면서 우리 전통적인 전래 놀이들을 보존하기 위해서요. 철거 이주민들의 살림살이가 편해지면 어려웠던 시절 기억이 희미해지거든요. 힘들 때의 기억도 간직하면서 함께 나누는 것도 가능하도록 단오제를 시작하셨지요.

저희는 지역 조사를 하다 보니 이런 단체 활동이 굉장히 중요한 역할을 한다는 걸 알았어요. 단오제 할 때 바자회를 겸하거든요. 그 지역 어머니들이 적극적으로 많이 참여해 음식 만들고 뭣도 하며 한 2~3일 거의 밤을 새우다시피 준비해요. 남자분들도 여러 가지 준비하느라 서로 협력하는 분위기였지요.

이거 괜찮구나, 생각했어요. 나중에 바자회 끝날 때쯤 되면 번호표 뽑아서 상품도 나눠주잖아요. 신천연합병원에서 1등 상품 같은 거를 많이 내놓았어요. 또 천주교 성당을 통해 전국에서 안 입는 옷들, 헌 옷들을 많이 수거해 와요. 우리가 며칠 걸려 좋은 옷들을 골라서 가격 매겨 팔거든요. 바자회 수입은 전부 복음장학회 기금으로 썼지요. 사람들의 목표가 '우리 지역 세 개 철거민 마을에서 자라는 아이들은 고등학교까지 우리가 학비를 대자'였지요. 이것이 복음장학회의 목표 중 하나였어요.

작은자리는 자체 기금을 약간 가진 상태였어요. 독일에서 들어온 지원금도 남은 상태였고, 또 제가 작은자리에서 일할 때는 장사를 많이 했어요. 그림도 갖다 팔고 밥장사도 했어요. 학교 선생님들에게 한 달에 얼마씩 받고 점심도 전부 제공했잖아요. 개량 한복을 '질경이'에서 사다가 팔고, 하여튼 저 장사 엄청 많이 했어요.

[질문] 복음자리 딸기잼도 유명한데요.

복음자리 딸기잼은 역사가 아주 오래됐습니다. 저희 오기 전부터도 딸기잼을 만들어서 팔았어요. 복음자리 공동체도 기금을 마련하기 위해 별별 장사를 다 했는데 일일이 열거하기 힘들 정도예요. 그중 가장 괜찮은 게 잼이었기에 나중에는 그 잼에 집중한 거죠.

지금은 복음자리 잼은 대상이라는 회사에 넘어갔어요. 1996년에 법인화한 후 넘겼지 싶어요.[46] 저희가 나이 들어가니까 복

---

46. 복음자리 잼은 1981년에 만들기 시작한 것으로 알려졌고 1996년에 법인화. 대상 인수 시기는 2009년

음자리 공동체 식구도 그렇고 너무 힘들었어요. 대상에서 처음에는 우리 복음자리라는 이름을 안 쓰려고, 자기네 자체 무슨 파리의 아침이니 뭐니 하는 브랜드들을 만들었어요. 근데 시중에 내놓고 보니깐 잘 안 나가는 거예요. 근데 복음자리라는 이름이 붙으면 엄청 잘 팔려서 결국 그분들이 복음자리 이름을 자기네가 사용해도 되겠는가 요청했고 넘겼지요.

[질문] 신천연합병원에 계시다가 작은자리로 가시게 된 거잖아요. 두 기관에서 활동하시면서 어떤 차이를 느끼셨는지요? 협력 관계는 어땠는지요?

개인적으로는 별로 구분이 잘 안 됐어요. 그리고 우리가 병원 개원할 때 복음자리에서 도움을 엄청 많이 받았어요. 음으로 양으로. 심지어는 병원이 그때 법인 되기 전이라 돈이 모자라 은행에서 대출을 받으려 하면 한도 때문에 잘 안 되었어요. 그래서 급할 때는 복음자리 공식 기금에서 저희가 빌려 쓰고 갚아드리기도 했었지요. 복음자리는 어떤 면에선 보이지 않게 우리 후견인처럼 존재하였기에 저로서는 별로 구분이 잘 안 됐어요.

처음에 저희 병원이 복음자리라고 부르는 공동체 활동가들과 관계 맺으면서 도시 빈민 활동을 많이 했잖아요. 병원은 의료 본연의 업무 중 하나가 주민들의 건강도 챙기고 예방사업도

해야 하는 거고요. 예방 쪽에 신경을 좀 많이 쓰면 좋겠다 싶어 상담실을 만들고 노동자들 교육도 좀 했거든요.

교육하다 보니 기본 교육 수준이 상당히 낮음을 알겠더라고요. 이분들의 직업에 대한 교육만이 기본 교육 수준을 좀 끌어올리기 위해 뭐라도 좀 해야 되지 않나 생각했어요. 병원에서는 힘들고 복음자리 수준에서 진행할 작업을 찾았지요. 나중에는 첨예하게 이슈화했던 노동운동 현장 그리고 철거 현장에도 우리가 엄청 다녔고요.

[질문] 활동하다 보면 지역의 다른 자원을 활용할 필요성도 생길 텐데요. 다른 단체들과 협력해서 활동하신 사례들에 대해서도 소개 부탁드립니다.

제가 생각할 때는 어느 지역이든지 하여튼 그 지역 안에 살면서 해당 지역을 파악해야 되잖아요. 그러면서 어떤 단체들이 그 지역 안에서 활동하는지를 많이 알아야 해요. 그리고서 그 단체들을 많이 활용해야지요. 예를 들면 제가 처음 지역 조사를 할 때 제가 불쑥 '나 그 병원에서 일합니다' 말하며 접근하면 사람들이 안 만나주거든요.

그래서 신협을 이용했어요. 신협 전무한테 찾아가서 도와달라 하고 신협 이름으로 조사를 진행했어요. 당시 주민들이 가장 많이 이용하던 게 신용협동조합이었거든요. 그리고 지역에서 단체나 조직을 만들 때도 좀 거들었지요. YMCA 만들 때도, 환경운동연합 만들 때도 조금씩 거들었어요.[47]

지역 안에서 필요한 것 중 하나가 만성 질환자 관리지요. 옛날에는 다 집에서 간호하잖아요. 집에 계신 환자 가족들을 모시고 어떻게 환자를 간호할지, 인천의 적십자사와 협력해 교육했어요. 교육받은 분들한테 수고하셨다고 졸업증서를 하나씩 드렸거든요. 그랬더니 나중에 그걸 가지고 간병인이 되시더라고요. 당시는 간병인이 흔치 않던 시절이었어요.

병원도 많이 찾아다녔죠. 부평성모병원(이전의 성가병원)에 근무하는 내과 선생님 중에 홍영선이라고 계셨어요. 온콜로지(oncology, 혈액종양학)를 전공하셨는데 그분에게 부탁해 천주교 성당에서 미사 끝난 후 사람들을 모아 호스피스에 대해 강의도 진행했지요.

제가 천주교 신자지만 개신교와도 적극 관계를 맺었어요. 달월(지금의 월곶)에 가면 달월교회라고 있어요. 그때 조화순 목사님[48]이 거기 계셨는데 거기도 많이 갔지요. 나중에는 천주교 신

47. 시흥환경운동연합은 1995년, 시흥YMCA는 1997년 창설
48. 조화순(1934~) 목사. 감리교신학대학 졸업 후 시흥 달월교회에서 목회하다 인천도시산업선교회 소속으로 동일방직에서 현장 활동. 1972년 동일방직 최초로 여성 지부장과 여성 간부로 구성된 노동조합 집행부 탄생에 기여

부와 개신교 목사가 교대로 설교도 하고 그랬어요. 성당에서는 강론이라고 하는데, 조화순 목사님이 여기 신천동 성당에 와서 강론하시고, 신부님은 달월교회에 가서 (설교)하셨지요. 지역사회 안에서는 조직을 잘 찾아 적극 활용해야 해요. 저는 라이온스클럽 분들과도 친했어요.

[질문] 얘기 듣다 보면 다 부드럽게 연결되는 듯 들리지만 실제는 그 활동들이 엄청 어려웠을 텐데요.

그렇죠. 요즘은 개인주의가 더 심해졌지요. 그래도 다니다 보면 어떻게든 연결되는 분들을 또 만나요. 저의 개인 관심사 중 하나가 역사 분야거든요. 시흥에 처음 왔을 때 이 지역이 어떻게 흘러왔는지 역사를 알고 싶어서 읍사무소에 찾아갔어요. 혹시 여기에 향토 사학자나 뭐 이런 분 계시냐고, 읍지(邑誌)나 읍의 역사 자료 보관하셨으면 달라고 그랬어요. 그래서 향토사학자 이한기 선생님을 소개받아 그분과 관계를 맺었지요.

제가 작은자리 책임 맡기 전 간호사로 있을 때, 동네 양반 한 사람이 이래요. "최 선생님, 저기는 저거 아주 빨갱이들의 소굴이야. 그러니까 가까이 가지 마." 그래서 알았다고 그랬는데 나중에 어쩌다 보니 제가 거기를 맡게 됐잖아요. 제일 먼저 한 일이, 마을 사람들 뇌리 안에 잘못 박힌 그 빨간 색깔을 빼내야 되겠다는 거였어요.

그래서 향토 사학자 선생님 그분께 부탁을 드렸지요. "사람들이 시흥시를 살고 싶은 마을로 느끼도록 선생님이 이 시의 역사를 좀 얘기해 줘라." 그리고 이 동네에 들어와 살았던 사람 중에서 90% 정도는 교육이나 사회 인프라가 너무 열악하여 잠시 거쳤다가 나중에 부천이나 인천 아니면 대도시로 나가버리는 거예요. 어떻게 하면 그분들이 애정을 가지고 여기에 발붙이고 살게 할까 고민했어요.

그 선생님이 오셔서 몇 번씩 강의를 해 주셨어요. 선생님이 나오면 그분과 관계되는 공무원들도 몇몇이 따라오는 거예요. 그러다 보니 사람들 사이에서 서서히 작은자리에 대한 거부감이 사라지더라고요.

[질문] 작은자리에는 언제까지 계셨어요?

1999년까지요.

사회연대의
길목에서

[질문] 2005년도에 (록향의료)재단 이사장으로 다시 병원에 돌아오셨잖아요. 조금 의아했던 거는 재단 이사장이 이전에는 다 의사였는데 선생님만 유일하게 의사가 아닌 간호사였어요. 이사장직을 맡으시면서 어려운 점은 안 만나셨는지요?

그때는 너무 다급한 일이 많아서 제가 무슨 간호사다 의사다, 이런 거는 생각하지 못했어요. 외부 사람들한테서도 그런 점에 대해 특별히 지적받지 않았지요. 다만 당시 신협 이사장 하시던 분이 이렇게 말했지요. "아니 왜 원장 쫓아내고 당신이 이사장 됐어?"

그래서 그때 연천에서 농사를 짓던 저는 이렇게 말했지요. "농사짓는 사람하고 병원에서 원장으로 일하는 사람하고 누가 더 힘이 세? 내가 연천에서 농사지으면서 어떻게 원장을 밀어내겠어?" 그랬더니 "그러네"라고 답해요. 그 이후로는 지역에서 저에 대해 말하는 걸 듣지 못했어요.

[질문] 이사장은 어떻게 해서 되신 건가요?

당시는 이사회가 있으니깐 거기서 투표를 했어요. 병원이 위기 상황이었거든요. 근데 병원의 역사를 가장 많이 알고 있는 사람이 저이기 때문에 제가 적합하겠다 그렇게 해서 된 줄 압니다. 투표로 결정했어요.

[질문] 이전에는 연천에서 농사짓고 계셨나요?

저희 어머니가 옛날 분이잖아요. 그리고 그 당시 우리나라에는 아직 농경사회 모습이 많이 남은 상태였지요. 그런데 제 어머니는 농사 경험을 못 가지셨기에, 농사 한번 지어보면 좋겠다고 만날 어머니가 원하셨지요.

저희 집이 수유리였거든요. 수유리에서 바로 연천 가는 직행버스들이 많았어요. 그런데 마침 김경일 선생네가 연천에 자리 잡는다고, 그 아버님이 그쪽에 이사를 가서 계시기에 도움을 받아서 집도 짓고 농사 지으려고 땅도 400평이나 샀지요.

[질문] '교회빈민의료협의회(빈의협)'에도 관여하셨다고 들었습니다. 어떻게 시작하고 어떻게 끝났는지 아시는 대로 이야기 부탁드립니다. 신천연합병원이나 이 지역과 어떤 식으로 관계가 맺어졌는지요?

천주교 주교회의 산하 여러 커뮤니티 중에 인성회[49]라고 존재해요. 그게 이제는 세계적인 조직이지요. 휴먼 디벨롭먼트 커미티(Human Development Committee)라고 불러요. 우리 말로는 그냥 '인간발전위원회', 짧게 해서 인성회라 그랬지요. 거기서 일하는 사람이 제게 물어왔어요.

"인성회 산하의 절반은 자선 쪽으로 활동하는 단체, 또 절반은 사회운동을 함께하는 단체를 만들려고 한다. 지금 의료단체를 하나 만들려고 하는데 함께 일하지 않겠느냐?" 근데 마침 그곳과 관련되는 양 비안네라는 수녀님이 양길승 선생님의 누나예요. 그래서 비안네 수녀님도 양 선생님한테 또 얘기했지요.

그 당시 전두환 군부정권 때여서, 소위 운동단체라고 불리는 진보적인 단체 만드는 일을 굉장히 불온시하고 위험시했거든요. 그런데 천주교 그늘이면 괜찮겠다 싶어서 '빈민의료협의회'를 만들게 되었어요.

빈의협은 천주교 내 의료단체와 병원들, 사람들을 아우르면서도 이름에 천주교만 내세우면 안 된다, 하지만 그리스도의 정신은 가져야 한다, 그러니 '교회' 이름을 넣자고 의논됐어요. 개신교 신자들, 불교 신자들도 부담 없이 함께하자, 우리는 교회 정신으로 같이 뭉친다, 이런 뜻으로요. 그렇게 해서 '교회빈

---

49. 1975년 6월 설립. 1991년 10월 주교회의 사회복지위원회로 이름이 바뀌면서 교회의 사회복지 활동을 전담하여 협의, 조정하는 역할을 맡음

민의료협의회', 줄여서 빈의협이라 했지요.[50]

빈의협이 처음에는 의료인들이 어떤 영성을 가지고 사람을 대해야 하는가, 뭐 이런 취지로 시작했어요. 근데 그때가 6.10 민주항쟁 이후였지 싶어요. 다른 진보적인 논의들이 막 부풀어 올랐을 때잖아요. 질병이 생기면 원인을 찾아야 하듯 사회적으로 정치적으로 문제가 많이 보이니까 그것도 함께 해결해 보자. 이런 이야기들이 많이 나와서 관련 연수회도 하고 그랬어요. 그리고 방문도 다녔지요.

빈의협 회원 수녀님들 중에서 성남 쪽에서 오신 분들이 계셨어요. 오셔서는 "요즘 전국민의료보험을 실시한다는데 그게 문제가 많은 것 같다" 그래요. 그때부터 실태 조사하고 알아보고 활동을 많이 했죠.[51] '의료보험대책위원회' 꾸리고. 심지어 공화당 당사에 가서 우리가 막 항의도 하고, 닭장차에도 끌려가고. 우리를 아무 데나 내려놔서 집 찾아가느라 고생했던 기억도 나네요. 빈의협 활동은 1992년 가을까지 했던 것 같아요.

---

50. 빈의협은 1986년 9월 29~30일 성프란체스코 피정의 집에서 창립총회를 갖고 정식 발족. 주교회의 인성회 주선으로 빈민의료 종사자들이 모임을 여러 번 가지며 협의체 결성을 준비. 가톨릭계 병원들이 점점 대규모화하는 데 반해 빈민의료 활동은 위축되던 상황. 빈민의료 종사자 23명이 참가하여 열린 창립총회에서 임원을 선출. 초대회장에 양요환(신천연합의원), 부회장에 김혜경(서울 난곡동 희망의료협동조합), 총무에 백월현(서울 월곡동 본당) 씨를 각각 선출. 당시 인성회가 집계한 교회빈민의료 현황은 주말진료소 13개, 자원의료 및 개업의 11개, 보건진료소 2개, 소의원 13개, 종합병원 사회사업과 6개 등 (『가톨릭신문』 제1526호 7면, 1986.10.12)

51. 1989년 7월 1일 〈전국민의료보험〉 실시를 앞둔 1989년 2월 28일, 빈의협은 바람직한 의료보장 제도를 모색하는 연수회를 개최하기도 함

『민중의 길』표지

　그러다 보니까 비용이 많이 드는데 그 비용 조달하기가 참 힘들었어요. 선생님들 회비도 내고 개업하고 계신 선생님들한테 가서는 만날 뭐 필요하니 도와달라고 요청했지요. 천주교 쪽에서 사무실은 무료로 내주셨거든요. 정동 프란치스코 회관에 사무실은 두었고요. 그리고 여러 가지 장사도 했어요. 분도출판사[52]에서 『민중의 길』이라는 커다란 사진집을 냈는데 그것도 제가 들고 다니면서 팔았어요.

---

52. 분도출판사는 (재)왜관성베네딕도수도원 서울사무소에서 운영하는 가톨릭 계열 출판사. 최수자 선생님은 줄곧 지역사회 활동에 가톨릭 네트워크를 적극 활용

시흥시에서 개업한 선생님들은 저만 보면 만날 '또 뭐 가져왔지!' 이러세요. 왜냐면 빈의협만이 아니라 1년에 한 번씩 복음단오제를 위해 돈이 필요했지요. 장학회 기금도 준비해야 하니까요. 선생님들에게 "티켓 사주세요" 그러면 "나 두 장만 가질게" 그러십니다. 그러면 "열 장 사주세요" 그랬지요. 나중에는 선생님들이 "아니야 나 두 장만 살 거야" 그러시네요. 그래서 몇 년 후에는 티켓을 1만 원짜리, 1천 원짜리로 만들었어요. 그래서 선생님들한테 두 장을 팔면서 이전으로 치면 스무 장 값을 받았죠. 하여튼 내가 생각해도 참 남한테 심한 일을 많이 했나 싶어요.

그리고 그림도 팔았어요. 강요배 선생님[53] 그림도 팔았고, 하여튼 그쪽 선생님들 그림을 많이 가져다 팔았어요. 인천이나 서울로도 들고 다니면서 팔고, 잼도 팔고 별거 다 했어요.

6.10항쟁 때도 저는 제정구 팀과 같이 '천주교도시빈민회'[54]에 속해서 명동에 갔어요. 당시 집결지가 몇 군데였거든요. 우리 집결지는 남대문시장이었는데 거기 갔다가 오니까 명동성당 일대는 전경들이 둘러싸서 들어가질 못했어요. 근데 그때

---

53. 강요배(1952~), 제주 출신 서양화가. '현실과발언' 동인으로 걸개그림을 처음 선보인 민중미술운동 1세대 작가
54. 빈민 지역 현장 활동가인 평신도, 사제, 수도자들이 88올림픽을 앞두고 진행된 목동 재개발 지역 강제 철거에 항의하면서 1985년 3월 '천주교 도시빈민사목협의회'를 창립해 활동. 1987년 '천주교도시빈민회'로 명칭 바꿈

제가 차를 성당에 세워 놓았거든요. 성바오로 수녀원 원장 수녀님이 옛날 내가 수술실에 근무할 때 간호부장 수녀님이셨어요. 수녀님 보러 왔다 그러고 들어가서 최루탄 부상자들 치료해주고 그랬지요. 며칠 동안요.

그 며칠 동안에 구걸도 해봤어요. 그때 제가 자동차를 하나 썼는데 그게 수원 가톨릭대 학장 신부님이 당신 차를 바꾸시면서 타던 차를 저한테 보내신 거였어요. 차가 한 대 생겨 아마 우리 직원들도 운전 연습 그걸로 꽤 했을 거예요. 그 차 가지고 다니는데 명동에 차가 갇혀버렸지요. 그 안에 제 가방이랑 신분증 다 넣어놨으니까 제 손은 텅 비었잖아요.

병원에서는 기다릴 테고 전화는 해야겠는데 그 앞에, 성모병원 길 건너에 무슨 호텔이 하나 보였어요. 거기 가서 "나 전화 한 통 하게 해달라"고 말하니 이상하게 쳐다보더군요. "그러면 나 100원만 달라"고 했어요, 공중전화하게. 프론트 직원은 응답을 안 하고 나는 그 앞에 그냥 서서 버텼지요. 나중에 100원짜리 하나를 딱 소리 나게 놓더라고요. 100원 얻으려고 구걸이 된 거죠. 그래서 병원에 못 간다고 전화했어요.

그때는 성모병원에 근무했던 게 도움이 많이 됐어요. 부상 심한 애들은 제가 차에 태워서 나가요. 성당 앞으로 몰고 나가면 전경 애들이 막 발로 차고 막고 그러는데 적극적으로는 안 하고 그냥 시늉만 내요. 근처 백병원 응급실로 가 치료받고 나니까 경찰이 싹 잡아 가 버리는 거예요.

다음에는 거기 안 가고 바오로 병원으로 가고 그랬어요. 그러고는 한강 너머까지 막 달려가서 거기다 내려주고. 필동의 중대 부속병원에 가서는 교수님한테 연락해서 차비도 얻어서는 학생 보내고요. 지금 생각하니까 제가 참 얼굴이 두꺼운 사람이었네요. 염치없이, 별일을 다 벌였네요.

[질문] 빈의협이 문을 닫게 된 계기는 무엇이었지요?

특별한 일은 아니었어요. 제가 1992년에 작은자리에서 일했는데 작은자리도 해야지, 빈의협도 해야지, 저로서는 너무 힘들었어요. 그리고 어느 정도 보건의료운동도 자리를 잡아가니까 "빈의협을 이제 끝내면 어떠냐" 말했지요.

양요환 선생님과 난곡의 김혜경 선생[55] 두 분은 적극 반대하셨어요. "그러면 어떻게 하나, 나는 이제 못하겠다" 그랬더니 자기네가 하겠대요. 그래서 남은 자료하고 비용을 양요환 선생님에게 다 드렸거든요. 근데 그 이후 아무 연락도 못 받았어요.

---

55. 빈곤 운동가로 창신동, 난곡 지역에서 활동. '난곡 희망의료협동조합' 결성에 주도적인 역할 수행. 2004년 민주노동당 대표 역임. 2024년 현재 관악의료사협 이사장

2024년, 관악의료사협 부설 '정다운우리의원'에서 최수자 선생님과 김혜경 선생님

[질문] 인터넷 검색해 보니까 빈의협 회보가 나오더라고요.[56] 혹시 자료가 남았다면 당시 활동했던 의제나 영역들을 확인하기 좋겠다는 생각이 들었는데 남은 자료가 존재할지요?

제가 제일 마음 아픈 것이 그 부분이에요. 그때 보건의료단체 여럿이 모여서 여러 활동을 많이 진행했어요. '보건과사회연구회', '교회빈민의료협의회' 또 '청년한의사회', 이래저래 한 여섯 단체쯤 되었고 제가 회보도 열심히 만들었어요. 신천연합병원

56. 〈민주화운동기념사업회 사료관 오픈아카이브〉 참조. archives.kdemo.or.kr

원장실에 다 모아놓고 인계하고 떠났는데 그게 어디로 다 사라 졌나 봐요. 그래서 그게 제일 속상하고 마음 아파요. '의료보험 대책위원회'에서도 몇 년 전에 무슨 백서를 쓴다고 저더러 자 료를 내놓으라는데 못 찾았어요. 저도 그 부분이 슬퍼요.

연수회도 한 해에 두 번씩 했거든요. 당시 강사를 섭외할 때 는 선생님들이 만나보고 싶은 사람, 그런 사람을 좀 모셔서 진 행하려 했지요. 그래서 제일 첫 번째 모신 분은 지금 제주교구 장 하시는 강우일 주교님인데 그분이 명동성당에 보좌 신부로 계실 때예요.

다음에 또 기억에 남는 건 김록호 선생님이 만날 김지하 선 생님을 한번 모시고 싶다고 하셔 김지하 님도 오셨었지요. 그 리고 대학 교수님들도 오셨었죠. 정운영 교수님도 모셨고 또 달월교회 조화순 목사님도 오셨고 이렇게 저희가 만나 뵙고 싶 은 분들 다 모셔서 들었지요. 강의 녹취를 다 풀어서 작게 책으 로도 냈었어요.

[질문] 신천연합병원이 개원했을 무렵 난곡에 '희망의료협동조합'이 있었죠. 김혜경 선생님이 그쪽에서 활동하시던 때인데 그쪽과 교류하 셨는지요?

교류가 많았죠. 그러니까 난곡에서 주민들 교육할 때 가서 일차 보건의료에 대해 얘기도 했지요. 또 동지로서 같이 왔다 갔다 한 게 더 많았던 것 같아요. 심지어 김혜경 선생님이 시의원 출마했을 때는 가서 선거운동도 했어요. 그리고 그쪽에서 어려운 사람들을 위한 공부방 같은 거 시작하기에 우리 지역에서도 그때 함께했지요. 그리고 철거민들 철거 현장에는 김혜경 선생님과 함께 너무나 당연히 같이 다녔고요.

인생을
움직인 힘은

[질문] 선생님은 남들과 다른 삶을 사셨는데요, 동력이 무엇이었을까요?

첫째는 천성인 것 같아요. 그리고 다음은 종교적인, 뭐랄까 뒷받침이라 그럴까, 그렇게 두 가지였던 것 같아요.

[질문] 종교적인 무엇이라면?

저희 집안은 친가, 외가 모두 조선 시대부터 천주교 집안이거든요. 듣고 보고 사는 게, 항상 어려운 사람들과 함께해야 된다는 이야기와 가르침들이었어요. 당연히 나도 그렇게 어려운 이들과 함께 살아야 한다, 그게 제 어디엔가 박힌 것 같아요.

제가 성모병원에서 일할 당시에도 '개미마을'이라는 것이 꽤 유명했어요. 그 당시 넝마주이들이 꽤 많았어요. 큰 바구니 메고 일하는 그분들을 모아서 공동 활동장이랄까, 공동체랄까 싶은 것들을 만드는 운동이 꽤 진행되었지요, 1964년쯤에.

당시 서울역 앞 대우빌딩 뒤에 차가 다니질 못했어요. 세브란스 병원이 거기 있었거든요. 거기 무허가 판잣집을 지었어요. 남대문 경찰서장까지 와서 거들었지요. 서울역 앞의 지게꾼, 넝마주이들, 그분들을 위해 저희가 식당을 열고 봉사했어요.

그때 지오세(JOC)라고 불렸는데 그게 프랑스어로 그렇고, 우리 말로는 '가톨릭노동청년회'예요. 우리가 넝마주이들을 위해서 식사를 한 끼 대접하자 싶었지요. JOC 간부들이 보리쌀 식당을 열었고 저는 자원봉사를 했어요. 당시 서울역 앞 길 언저리에 건물을 짓고 개원식을 할 때는 남대문경찰서장도 와서 축사를 했지요.

당시는 아직 6.25전쟁에서 완전히 회복되지 않은 때여서 미국으로부터 밀가루 같은 것들의 원조가 많이 왔어요. 밀가루는 거기서 받고, 우리는 노동을 제공해 반죽하고 국수를 빼서는 지금으로 치면 한 1천 원쯤일까 아니면 100원쯤일까, 하여튼 그 정도 돈을 받고 그분들에게 팔았어요.

그러면서 그분들하고 얘기 나눴지요. 이분들이 하루 돈을 벌면 그 돈을 어떻게 은행에 넣을지 이런 걸 몰랐어요. 그분들은 주로 청계천 변 '하꼬방'이라고 부르는 판잣집에 살았어요. 거기 찾아가서 그분들한테 자기 이름 쓰는 거, 은행에 가서 통장 만드는 거, 그런 것들을 많이 가르쳐 드리고 같이 다녔지요. 그 때부터 그러고 살았어요. 그래야 되는 줄 알았어요.

[질문] 선생님 활동 범위는 저희가 상상하기 어려운 지경이네요.

어려운 사람, 도움이 필요한 사람과는 함께 살아야 한다고 여긴 제 DNA가 좀 이상한가 봐요.

[질문] 그런 DNA를 청년들과는 어떻게 나눌까요, 조언을 해 주시면 좋겠습니다.

잘 모르겠어요. 근데 하여튼 지금 제 나이가 80이 넘었지요. 이제 병원에까지 왔으니까 한 번 둘러보면서 뭐 억울한 일이 있었나 생각해 보는데 그런 거 별로 없네요. 그리고 뭐 누구한테 자랑할 거 있나 보면 딱히 그런 것도 없고요.

그냥 내가 뭘 하려고 하면 보이지 않는 어떤 손이 저를 이렇게 저렇게 조종한 거 아닌가, 그런 느낌이 많아요. 저는 기도 같은 것도 잘 안 하는 게으른 사람이거든요.

근데 가끔 성당에 가면 하느님, 당신이 지구에 나를 파견하고 나한테 어떤 미션을 주었는데 내가 그 미션의 한 10분의 1은

수행했을까요, 이렇게 질문해요.

[질문] 선생님 어머님께서 저희 신천연합병원에서 돌아가셨잖아요. 병원에 오래 입원해 계셨고 어머니 옆에서 계속 간호하시는 모습 보면서 한편으로 마음이 안 좋았어요. 장례식장에서 어머님 사진 전시한 거 보고 충격을 받았어요. 어머님 젊었을 때부터 행복했던 거, 좋아하셨던 거를 사진으로 정리하셨지요. "우리 여기서는 울지 않으면 좋겠어. 우리 엄마가 기쁘게 가시면 좋겠어." 이렇게 말씀하셨지요.

저는 막 울고 선생님 위로해 드리고 그래야 되는데, 근데 "엄마가 이런 걸 너무 좋아하셔서서~" 이렇게 얘기하시더라고요. 준비해서 기쁘게 맞는 자세가 필요하다고 말씀하셨던 게 충격이었어요. 우리는 어떻게 준비해야 되나, 이런 생각을 좀 많이 하는데 선생님 저희가 어떻게 준비하며 살면 될까요?

그거는 각자가 자신한테 물어야 하지요. 내가 이 지상에 왔는데 이 지구에서 나한테 주어진 임무가 뭘까, 그건 본인이 생각하고 스스로 찾아야지요.

[질문] 선생님은 어떻게 찾으셨어요?

그러니까, 나는 누군가가 뒤에서 조종을 한 것 같다니까요.

그냥 내게 주어진 대로 나는 움직였을 뿐이에요. 성모병원에서 일할 당시에는 우리나라 사회가 너무 가난했어요. 청계천 복개 뭐 이런 것도 몰랐었거든요. 거기 넝마주이들 많이 사니까 거기 가서 그 사람들 예방주사도 놔줬지요.

또 서울역 앞 지게꾼 아저씨들도 그쪽에 많이 사셨어요. 그분들한테 지금 당장 필요한 게 뭘지 생각했지요. 이 아저씨들 하루 벌면 하루 먹고 끝나요. 미래가 안 보여요. "아 그러지 말고 아저씨 저금 좀 합시다" 그러면 "저금을 어떻게 해?" "그럼 내가 가르쳐 줄게, 필요하면 나한테 찾아오세요." 그렇게 해서 친해졌어요. 그리고 또 옆을 둘러보니까 가난한 사람들, 그들과 같이 살고 뭐 하며, 그렇게 산 거예요.

[질문] 우리도 이제 살면서 욕심이라는 게 생기잖아요, 사람이.

욕심이 어떤 욕심이지요?

[질문] 내가 편한 거요.

그건 사람마다 다 다르다니깐요, 그 편한 게 뭐가 편한지. 내가 여기 작은자리에서 일할 땐가, 병원에서 일할 땐가, 목동 철거민 마을에 살았어요. 그때 필리핀 민다나오에서 활동하던 제

이미 탄이라는 의사가 방한했는데 의료인은 현장에서 주민들과 같이 지내야 한다는 거예요. 그렇구나, 맞다, 안 그러면 주민들을 이해 못 하는 거예요.

저희도 지역에 들어갈 때 모두 그 지역에 거주를 해야 한다고 약속했지요. 양요환, 안용태, 고경심, 박운식 선생님들이 모두 시흥시에 거처를 마련했어요. 또한 정일우, 제정구로 대표되는 복음자리 공동체 식구들도 모두 현지에서 주민과 동등하게 살아야 한다고 생각했지요. 이것이 지역 활동가에게는 필수 조건이었습니다.

그래서 제정구 씨한테 "나 거기 들어가 살 테니까 집 하나 세 줘봐" 했지요. 그랬더니, 그런 생각으로 간다면 거기 사람들 전부 다 월세 내니깐 나도 월세 내며 살래요. 그래서 월세를 한 6개월 냈나. 근데 진짜, 월급날은 천천히 오는데 월세 내는 날은 왜 이렇게 빨리 오는지. 그래서 화가 나서 "나 전세 얻을 돈이 없는 것도 아니고 나 여기서 월세 내고 살려니까 짜증 나 못 살겠어. 나 이사 갈 거야." 우겼더니 "알았어, 그만큼 경험했으면 됐으니 전세로 살아." 그래서 전세로 바꿨거든요.

거기서 월세를 살아보면서 처음 알았지요. 주민들이 말하길 "우리 사정을 최 선생이 어떻게 알아?" 하는데 처음에는 그 얘기가 정말 저한테는 충격이었어요. 맞다, 진짜 하루 벌어 하루 먹고 사는 사람들이 갖는 내일에 대한 불안 그런 거를 내가 어떻게 알아, 모르지.

그래도 그 동네에 같이 살면서 돌아버릴 일도 많았지요. 어려운 사람들일수록 생활에 스트레스가 쌓이니깐 부부싸움을 많이 해요. 우리 방에 불이 켜져 있으면 애들이 막 찾아와. "선생님, 우리 엄마 맞아 죽어." 그러면 쫓아가서 싸움 말리고. 그게 하루 저녁에도 두서너 건 돼요. 책을 좀 읽고 싶어도 책도 못 봐. 불이 켜지면 찾아오니까.

나중에는 화장실에 들어가 문 닫아놓고 거기 앉아서 1시간씩 책 보고 그랬어요. 근데 그렇게 살면서 아, 이렇게 어렵구나, 그럼 이 어려운 거를 어떻게 해결해야 되나, 그러다 보니까 내가 싸움패가 된 거죠. 데모하러 다니고 뭐 하러 다니고. 그거는 정말 절실한 데서 나오는 거지 머리로 되는 게 아니야. 같이 살면서 체험이 돼야지. 지금도 고척동 임대주택에 살면서도 재밌어요. 불편하지 않고.

[질문] 작년에는 공공근로 다니며 일하셨잖아요. 저는 선생님 젊었을 때부터 엄청 열심히 일하셨는데 임대주택에 사시면서 또 공공근로 다니시고 생활비 벌고 이러는 게 되게 안타까워요. 전화하면 "나 지금 버섯 따야 돼" 이러시는데 "버섯을 아직도 따요?" 그러니까 "이거 일단 채워야지" 이러시더라고요.

그리고 또, 내가 움직일 수 있는 게 얼마나 다행이냐고 말씀하시고요. 선생님이 그렇게 다 남한테 주고 저런 생이 행복할까 이런 생각도 들거든요.

지금 뭐 불편한 거 없어요. 무슨 철학적인 배경 뭐 이런 것도 난 몰라요. 난 어디 가서 예수쟁이 소리는 잘 안 하는데 예수가 가르친 게 뭐야? 다 버리고 같이 사는 거잖아요. 나는 그런 거를 제정구 씨나 정일우 신부님한테 배웠고. 또 교회에서 맨날 듣는 게 그거잖아요.

독일에 있을 때 성경 공부하는 데 충격적이었던 게, 포도원 소작인의 비유 아세요? 포도 농장 주인이 아침에 일꾼을 데려다가 '1데나리온[57] 줄 테니까 일해' 그러고, 점심 때 다른 일꾼이 서 있으니까 또 데리고 오고, 저녁 나절에 가니까 또 어떤 사람이 서 있는 거야. 그 사람을 데리고 와서 일을 시키고 다 똑같이 1데나리온을 주네요. 먼저 온 사람이 '뭐야? 나는 아침부터 일했고 저 사람은 1시간밖에 일 안 했는데 왜 똑같이 줘' 항의하지.[58]

지금 우리도 그러잖아요. 나부터도. 근데 그게 나한테는 어마어마한 충격이었어요. 기본적으로 사람들이 인간적인 품위를

---

57. 기원전 로마가 발행한 화폐 데나리우스(Denarius)의 헬라어 표기. 성서에서는 보통 노동자 하루 품삯으로 표기
58. 마태복음 20:1-16

지키며 살려면 필요한 게 있잖아요. 요즘 말로는 기본 소득이라고도 할 텐데. 예수가 그런 사람이었구나, 그러고 나서 내 생각이 더 많이 바뀌었어요. 이랬으니까 붙잡혀 가 죽었지. 그런 사람 놔두면 얼마나 머리 아프겠어요.

저를 지도하던 신부님이 또 특별한 분이셔서 프랑스에서 신부가 되고 사회학 학위를 받으셨더라고요. 이분이 나중에 박사 학위를 뭘로 하시냐면 칼 맑스.[59] 우리가 다 알잖아요. 칼 맑스와 성서, 이거를 놓고 이 양반이 비교를 하는 거예요. 칼 맑스의 이론, 이게 어디서 유래했을까? 근데 칼 맑스는 유대인이에요. 그러니까 본래는 기독교적인 신념과는 무관한 분이었지요.

이 분은 성서를 최소한 열 번 이상 읽었겠어요. 맑스의 자본론부터 시작해서 거기서 나온 여러 가지 이론, 성서에 나온 이론, 이거를 전부 비교하고 주석을 달아서 그걸로 마인츠 대학(Johannes Gutenberg University Mainz)에서 박사 학위를 받으셨어요.

그걸 보면서 맞아 이렇구나, 예수라는 사람이 이렇구나. 근데 뭐 나는 집안 대대로 이런 거 저런 거 안 따지고 그냥 예수 믿었으니까 나는 그 사람 하는 거 발뒤꿈치나 따라가야지 뭐 어쩌겠어, 그러다 보니까 이렇게 됐어요.

---

59. Karl Heinrich Marx(1818~1883), 독일의 사상가이자 경제학자. 저서 『자본론』 『정치경제학 비판』 등

[질문] 그 신부님에 대해 좀 더 설명 부탁드립니다.

한국 신부님이세요. 김춘호 신부님.[60] 수원교구에 오셨는데 지금 신부님이 아흔 하나. 근데 황반변성에다가 백내장까지 와서 거의 실명하셨어요.

제가 독일에 있을 때인데, 이분이 한국 간호사들에게 뭔가 도움을 줘야겠다 싶어서 찾아다녔나 봐요. 제가 일하던 병원은 독일 서남쪽에 위치해서 한국인이 별로 없었어요. 기숙사에서 이렇게 쭉 살피는데 '최요한나' 이렇게 씌었으니까 이 사람은 분명히 한국 사람이고 천주교 신자일 거라 생각하고 찾아오셨더라고요. 그때 만나 뵈었죠. 신부님은 마인츠에 계시고 저는 하이델베르크보다도 더 아래쪽 잘란트 대학병원에서 일했어요. 그렇게 해서 신부님을 알게 되어 명절이면 신부님한테 가서 미사하고 그랬죠.

[질문] 예전보다 간호사의 위상이 조금 올라갔다고 생각하는데요. 어떻게 생각하시는지 의견 청합니다.

---

60. 1934년생. 1960년 사제 서품을 받고, 프랑스 파리 가톨릭대학교 신학과와 사회학과를 졸업. 1979년 독일 마인츠 대학에서 박사 학위 취득. 2000년 서강대학교 종교학과에서 교수로 재직하다 2001년 수원 고등동 교회 주임신부로 임직. 저서 『라틴아메리카』 논문 「사유재산의 개념」 「사회주의와 가톨릭교회」 등

그러게요. 제가 60년대 중반부터 간호사로 일했는데요. 그 당시는 의사의 오더를 수행하는 수동적인 업무가 더 많았다면 요즘은 간호 계획도 세우고 상당히 능동적으로 가잖아요. 그리고 간호직 군도 따로 존재하고. 서로 분업화되어서 협조적으로 일하니 많이 발전했다고 생각되죠. 아직도 부족하긴 하지만 나름 발전했다고 생각합니다.

[질문] 지금 우리를 보시면서 간호사로서의 한계점이라고 느끼시는 부분이 뭘지, 혹은 지금 와서 예전을 돌이켜보니 어떤 부분이 아쉬웠다 싶으신지, 생각나는 대로 말씀 주시기 바랍니다.

글쎄요. 좀 어려운 질문 같아 갑자기 생각 안 나는데요. 좀 생각해보고 말씀드릴게요. 저는 간호사 하면서 어려웠던 것 중 하나는 밤 근무하는 거, 그게 저한테는 참 어려웠어요. 더욱이 밤에 근무하고 낮에는 성균관대 주간을 다녔거든요. 그래서 잠은 일주일에 한 번씩 몰아서 자야 했고 그때 커피를 엄청 마셨어요.

[질문] 힘드셨을 거 같은데요. 당시 특히 체력 관리는 어떻게 하셨나요?

그 당시엔 젊으니까 뭐 이런 저런 특별한 체력 관리는 안 했던 것 같아요.

[질문] 대학을 언제 다니신 거죠? 대학 생활 때 특별한 점은 뭐였을까요?

제가 성균관대 다닐 때가 그 당시 데모를 많이 하던 때예요. 1964~65년 그때에요. 당시 제 기억에 항상 남은 게, 우리 학과장님이 돌아가셨던 것과 전혜린 씨[61] 강의 때 선배들이 도강 간다면서 "같이 갈래? 근데 많이 가면 걸려", 뭐 이랬던 기억이 남았네요. 다른 기억은 별로 안 나네요. 우리 학과장님이 술을 엄청 좋아하셨는데 돌아가셨지요.

[질문] 가장 보람찼다고 여기셨던 순간이 딱 생각난다면요, 그게 무엇일지 궁금해요.

여섯 개 보건의료단체와 빈민의료단체 그리고 농민단체들이 같이 노력한 결과 지금의 통합의료보험이 성립됐거든요. 처음 의료보험이 생길 때는 각 지역별로 지역 의료보험조합이 있었

61. 전혜린(1934~1965), 여류 문인

강연 모습, 신천연합병원 강당

어요. 근데 그렇게 되면 부자 지역은 잘 걷힐 거 아니에요. 가난한 지역은 조금 걷혀서 금방 재정이 고갈되고 어려워질 거고요.

의료보험이라는 거는 기본적으로 나눔이잖아요. 사회보장이니까, 이거는 어려운 사람들하고 함께하는 조직이어야 된다, 그래서 싸웠는데 그게 이루어져서 가끔 참 그때 잘 싸웠다, 고맙다, 그런 생각을 많이 합니다.

[질문] 싸울 때 분명히 장벽이 많으셨을 텐데요. 생각나는 기억이나 그걸 극복했던 얘기를 해 주세요.

생각나는 것 한 가지는 확실히 어느 때였는지는 모르겠지만, 항의 방문을 마치고 경찰차에 실려서 어딘가 서울 외곽에 버려졌어요. 근데 거기가 어딘지 모르겠어서 집을 찾아가려고 헤맸던 기억이 납니다.

또 하나는 각 단체들마다 사람들에게 홍보 겸해서 서명 운동을 했어요. 근데 저희는 그 당시 빈의협 사무실이 정동에 있으니깐 제 담당이 광화문 사거리였지요. 세종문화회관 앞에서 서명을 받는데 항상 전경들도 많잖아요. 이거 치우라고 해서 내가 싫다고 하고, 내 얘기 듣고 당신들이 서명하면 내가 치우겠다고 했지요. 거기 있던 전경들한테도 전부 다 서명받았어요. 그 사건이 재밌었지요.

[질문] 전경들이 순순히 서명해 주던가요?

자기네도 안 할 일이 아니죠. 설명을 들어보니 그럴싸했는지 다 서명하더군요.

[질문] 두렵지 않으셨어요? 싸우고 투쟁하면서 막상 벽에 맞닥뜨릴 때와 폭력 앞에서 두려움을 어떻게 극복하셨는지요?

해야 할 일이라고 생각했었기에 두려움 같은 거는 별로 못

느꼈어요. 근데 주변에서 왜 이렇게 편한 일을 놔두고 그런 일에 쓸데없이 참견하느냐고 얘기하시는 분들이 많아 그거는 조금 힘들었지요. 두려움 같은 건 몰랐어요. 뭘 몰랐기에 두렵지 않았는지도 모르지요.

[진행] 두 차례 이어진 강연 내용이 좋은 사료이자 교훈이 되기도 하고, 저희에게도 모범과 표준이 되는 시간이었던 것 같습니다. 저희가 선생님의 삶과 그 과정에서 이루어낸 일들을 잘 정리해서 남기려고 합니다. 감사합니다.

내가 기억하는
최수자

최 미 성 · 신천연합병원 간호부장

토요일 저녁 10시가 넘은 주방에서 소리 나지 않게 살금살금 냄비를 꺼내다 소리가 났다. 정말 조용하게 라면을 끓여야 하는 순간이었다. 뭐 다들 떠드느라 못 듣겠지 하는 순간 문이 열리면서 소리가 들렸다. "뭐 하는 거야. 밤엔 주방 사용하면 안 된다고 했는데." 민망한 마음에 "너무 배고파요" 하면서 억울한 표정으로 서 있었더니, 김치를 꺼내주시면서 "잘 정리하고, 정리 안 되면 다음부턴 안 받을 거야." 하시면서 방으로 들어가셨다.

1992년 남동진료소 선배들과 MT를 '작은자리'로 가게 되면서 이렇게 처음 선생님을 뵈었다. 그 땐 공간을 관리하는 지역주민인 줄 알았다. 다음날, 공부방을 정리하시는 선생님을 뵙고, 공부방 청소를 하면서 전날의 잘못을 용서받았다.

얼마 지나지 않아, 내가 신천연합병원에 간호사로 입사하게 되었고, 병원에서 다시 선생님을 뵙게 되었다. 그때 선생님이 지역사회 활동을 하시는 간호사라는 것을 처음 알게 되었다. 첫 만남에서 약속을 지키지 않은 사람으로 기억되었을 것 같아 매번 피해 다녔다.

그러다, 내가 노동조합 위원장(당시 전노협의 병원노련 소속)으로 활동하면서 최수자 선생님을 곁에서 자주 뵐 기회가 많아졌다. 선생님은 간호사로서의 역할과 지역사회 병원, 지역 공동체 말씀을 자주 하시면서, 나를 늘 격려해주셨다.

1998년 3월 나의 결혼식에 선생님이 오셔서 축하해 주셨고, 손 편지도 주셨다. "결혼은 두 사람이 사랑하니까 하는 것이 아니라, 앞으로 만들어 갈 가정공동체를 위해서 서로가 가능성을 알아 본 다음에 사랑하기 위해서 한다고 믿습니다…"

당시에는 손글씨가 예뻐서 다시 보게 되었고, 이삿짐을 정리할 때마다 선생님의 편지를 다시 읽곤 했다. 결혼한 지 25년이 넘었어도 아직도 서로를 인정하라는 편지 속 내용을 실천하지 못하지만, 편지는 소중하게 간직한다.

병원 이사장으로서 곁에 계실 때는 얼마나 힘든 일을 하고 계신지 모를 정도로 항상 환한 얼굴로 직원들을 대하셨다. 힘든 결정 후에 비난하는 사람들에 대해서도 '그래, 그럴 수 있지.' 하시며 상대방의 의견을 진지하게 듣고, 정중하게 설명해 주셨다.

내가 고집을 부리거나 잘못 판단했다고 생각하실 때는 '자네가 이런 사람이 아닌데, 이상하네. 내가 뭘 해주면 좋을까?' 말씀하시며 안경을 벗으시고 나를 쳐다보시곤 했다. 그러면 짧은 시간에 머리가 정리되고, 정신 차리기가 가능해졌다.

선생님은 대부분 재정사업 담당을 자처하시면서, 에코백엔 참기름, 수제 비누 등 상상하지 못하는 것들을 담고 여기저기

다니셨다. 선생님의 열정을 보면서, 항상 존경스러웠다.

포동에 계실 때 댁으로 놀러 간 적이 있는데, 소박한 선생님의 생활을 보면서, 나도 선생님만큼은 아니더라도 자연을 망치려고 노력은 하진 말아야겠다는 생각을 하게 되었다. 항상 수수하고 정갈한 옷매무새를 볼 때마다 선생님의 일상이 떠오르게 된다.

몇 년 전, 전화를 안 받으셔서 걱정하는 중이었는데, 버섯농장에서 일하는 중이시고, 보청기를 안 했기에 전화벨 소리를 못 들었다며 미안해하셨다.

코로나로 인해 자주 못 뵌 것이 후회되었다. 지금은 근처 복지관에서 인문학 강좌를 들으며 지내신다고 한다. 매일매일 배움을 미루지 않는 것도 선생님의 일상이다.

사의련 간호모임에서 최수자 선생님과 함께하는 세미나를 준비하게 되었다. 반가운 마음에 연락을 드렸더니 "아, 미성~"

하시면서 몸이 안 좋아서 못 갈지도 모르겠다는 말씀에 마음이 떨렸다. 항상 기운이 넘치시던 모습이 선한데, 거동이 가능할 때 하면 좋겠다는 말씀에 죄송스러웠다.

모임 전까지 걱정되고 초조한 마음이 가득했는데, 첫 세미나에서 '역시!' 하는 생각이 들며 마음이 놓였다. 적어도 지역사회 간호사는 이 정도까지는 고민해야 하는구나, 이런 생각에 나의 일상을 돌아보는 시간이 되었다.

고집만 센 나에게 부드러움이 얼마나 강한지를 보여주신 나의 선배님이시다. 선배 간호사로서, 지역 주민으로서, 가끔은 병원 관리자로서의 최수자 선생님과의 인연이 너무나 소중하고 감사하다.

한뼘문고 03

아픈 세상을 간호하다

초판 1쇄 발행   2024년 10월 24일

강연 최수자   기획 한국사회적의료기관연합회

펴낸이 이보라   펴낸곳 건강미디어협동조합

만든이 백지민 백재중 조원경 박재원 김상훈

등록 2014년 3월 7일 제2014-23호   주소 서울시 사가정로49길 53

전화 010-2442-7617 팩스 02-6974-1026 전자우편 healthmediacoop@gmail.com

값 9,000원   ISBN 979-11-00000-27-5 00000